AF369389

# LETTRE

## DE

## BRUTUS.

J. B. O. [illegible]
[illegible]

# LETTRE

## DE

# BRUTUS,

## SUR LES CHARS

### ANCIENS ET MODERNES.

---

Vengeons l'humble vertu de la richeſſe altiere,
Et l'honnête homme à pied, du faquin en litiere.

*Boileau, art poët. ch. 2.*

---

## A LONDRES.

---

## M. DCC. LXXI.

# DIALOGUE

*ENTRE L'AUTEUR ET L'EDITEUR.*

## L'AUTEUR.

VOUS avez donc lu mon Manuscrit ?

## L'ÉDITEUR.

Oui, sans doute.

## L'AUTEUR.

Quoi ! tout entier ?

### L'ÉDITEUR.

Oui, tout entier.

### L'AUTEUR.

Et vous pensez..... mais je tremble de vous interroger.

### L'ÉDITEUR.

O Brutus !..... je vous embrasse, & voilà ma réponse.

### L'AUTEUR.

Mon cher Philosophe, vous n'êtes pas assez froid pour apprécier mon Livre ; l'enthousiaste refait dans sa tête toutes les productions de son idole, & il se trouve qu'ensuite il n'a jugé que son propre Ouvrage.

## L'ÉDITEUR.

Achevez de m'entendre ; je n'ai point jugé de votre Livre par le ftyle , mais par le patriotifme qui l'a fait naître. Qu'importe en effet dans quelle langue écrive l'ami de la vertu , pourvu que l'homme de bien l'entende , & que fon cœur fenfible frémiffe délicieufement à fa lecture ? Mon ami , fi vous n'aviez fait qu'un bon Livre , je vous aurois loué bien froidement ; mais vous avez eu le courage d'avoir raifon contre les hommes puiffans qui écrafent le peuple , & je fuis devenu votre enthoufiafte : ce n'eft point l'Auteur que j'ai embraffé en vous , c'eft l'ami du genre humain.

## L'Auteur.

Il eft vrai que je n'ai point eu deffein de faire un Livre , ainfi ce n'eft point à l'homme de lettres, mais à l'homme de bien , à me juger : j'ai attaché même fi peu de prétention à mon Ouvrage , que je me fuis contenté de l'appeller *Lettre* ; & fi je connoiffois un titre plus modefte , j'en ferois ufage. — Je laiffe à l'homme de génie le foin d'élever des monumens qui éternifent fa mémoire ; pour moi, j'ai confacré ce foible Ecrit à guérir le délire du moment : mais que l'épidémie ceffe, alors mon Livre fera oublié, mon nom reftera inconnu, & cependant je me croirai plus fortuné que le grand homme qui a travaillé pour la poftérité.

## L'Éditeur.

Homme de bien, comme malgré vos frivoles diftinctions vous rendez refpectable le titre d'homme de lettres ! . . . . .

## L'Auteur.

Je ferai lu cependant, car mon

titre excite la curiofité : les uns chercheront dans ma Lettre des idées fortes & fublimes, d'autres des fatyres : on n'y trouvera fans doute ni l'un ni l'autre. Mais fi à force de chercher, on parvient au bout du Livre, mon but eft rempli ; je fuis Brutus : & le luxe des chars, malgré cette foule de Tarquins qui le protegent , craindra un moment d'être anéanti.

Telle eft la prodigieufe fupériorité de l'homme vertueux qui écrit fur l'homme puiffant qui perfécute, que fes travaux ne font jamais inutiles ; les idées heureufes qu'il feme dans le public , germent comme le polype fous le couteau qui devroit les détruire : la perfécution peut tomber fur l'Ecrivain, mais l'Ouvrage refte, & la vérité furvit au perfécuteur.

Oui , mon ami , j'ai defiré d'être lu ; & cette foibleffe, fi c'en eft une, m'a fait faire plus d'un facrifice au goût petit & énervé du fiecle. Croirez-vous , par exemple ,·que c'eft dans cette idée qu'au lieu de fondre ma ftatue d'un feul jet , j'ai divifé ma Lettre en Paragraphes : le peu d'hommes du monde qui lifent encore , feroient effrayés de la perfpective d'un volume qu'il faudroit parcourir en entier pour en saisir l'ensemble ; il faut à ces esprits blasés , des Chapitres , des Articles & des Paragraphes , pour servir de point d'appui à leur foiblesse. Montesquieu le sçavoit, aussi afin d'être plus utile à sa Patrie , il eut le courage de couper & de dégrader son *Esprit des Loix*.

## L'ÉDITEUR.

Vous prévenez les objections de l'homme de goût , car celui qui n'est que sensible ne vous en fera jamais. Il me reste cependant encore un objet d'étonnement : c'eſt qu'avec des vues ſi droites, un courage ſi grand, & un patriotiſme ſi éclairé, vous perſiſtiez à garder le voile de l'anonyme : Brutus a-t-il des enne-mis à craindre?

## L'Auteur.

Brutus ne craint que ſes amis.

## L'Éditeur.

Ah ! vos amis ſont vertueux, ſans doute ?

## L'Auteur.

Mes amis ont des équipages. Combien peu feront le ſacri-fice à la Patrie de leurs voitures

meurtrieres : puis-je efpérer même d'en trouver beaucoup qui
rendent leurs voitures pacifiques,
& qui me pardonnent ?

## L'ÉDITEUR.

Je ferai plus hardi que vous. —
Mes amis , vous le fçavez, ont
auffi des caroffes ; car je connois,
foit dans la finance , foit dans la
robe, foit dans l'épée , des perfonnes riches, & qui fçavent faire
un bon ufage de leurs richeffes: eh
bien ! leur belle ame m'eft connue;
ils m'en aimeront peut-être davantage...... Brutus, je veux
être l'Editeur de votre Ouvrage.

### L'Auteur.

Mon ami, j'allois vous le pro-
poser.

### L'Éditeur.

Puifque le péril eft manifefte,
ce trait de confiance eft fublime —
Croyez que je me rendrois digne
d'un tel choix.

### L'Auteur.

Ce feroit offenfer l'amitié que
de fuppofer qu'on peut la trahir;
ainfi, je ne vous demande point
le fecret.

### L'Éditeur.

Le fecret n'eft point forti de

vos mains, puifque c'eft à moi feul que vous l'aviez confié : fi cependant les gens de goût vous devinoient ; car on dit que Brutus a un ftyle qui lui appartient.....

## L'Auteur.

Mon ami, je connois quelques gens de goût ; ils font tous gens de bien. — Quoi qu'il en foit, j'en appellerai à Dieu, à ma confcience & à la juftice des fiecles, fi l'on me fait un crime d'avoir été patriote.

PREFACE.

# PRÉFACE.

SI jamais ouvrage fut écrit dans des vûes droites, on ose dire que c'est celui-ci : il n'y a pas un projet dans cette lettre que le patriotisme n'ait fait naître, pas une ligne qu'il n'ait inspirée ; la critique même n'y est que l'épanchement de l'ame sensible d'un citoyen, & c'est ce qui doit la faire pardonner.

J'ai vu l'homme riche fatiguer les rues de Paris de ses nombreux équipages, & j'ai gardé le silence : je l'ai vu insulter par son luxe

A

l'honnête homme à pié qui le méprise, & je me suis tu encore; mais je l'ai vu écraser mes concitoyens, & sacrifier des hommes à des chevaux, comme ce Romain qui engraissoit de la chair de ses esclaves les murènes de ses viviers : alors mon indignation s'est allumée, des larmes de sang ont coulé; & j'ai écrit cette lettre qui vengera mieux les amis dont un luxe barbare m'a privé, que de vaines épitaphes gravées sur leur tombe.

Cependant le ressentiment qui a fait naître cet écrit ne s'y exhale jamais; on cherche moins à gémir sur nos désastres qu'à les empêcher de renaître : ainsi cet ouvrage n'est point une élégie. On aime à croire qu'une nuit d'Young est moins utile à un Etat qu'un projet qui peut l'éclairer ; peut-être même est-elle plus aisée à faire.

Les grandes villes du Royaume sont pleines de gens éclairés qui demandent du neuf dans les livres, & qui ne croyent point que l'emphase des mots compense le vuide des choses ; c'est pour eux qu'on a fait les recherches qu'on trouvera dans cet ouvrage, & qui font ressembler quelques articles de cette lettre à une dissertation de Falconnet ou de Puffendorf. A ij

4 *PRE'FACE.*

Quoique l'érudition paroisse déplacée dans une lettre, on ne l'a point rejettée de celle-ci ; en proposant quelques idées à sa patrie, on lui devoit de mettre sous ses yeux toutes les pieces du procès, de lui prouver que son systême n'est point le rêve d'un homme de bien, & de justifier son zèle par le spectacle de ses travaux.

Les femmes, qui ne lisent que des brochures, ou les hommes qui n'écrivent que pour en faire, dédaignent aujourd'hui un ouvrage où il y a le moindre appareil d'érudition ; on compare son auteur aux Scioppius & aux Saumaise du siecle passé, à ces hommes peſamment laborieux qui ſe délivroient du fardeau de penſer en commentant les penſées des autres, qui ne voyoient dans l'Iliade que des tropes & non des traits de génie, & qui étudiè-rent vingt ans quelques poëmes qu'Anacréon & Tibulle avoient créés en ſe jouant.

Ce n'eſt point ici le lieu d'exa-miner s'il eſt utile aux Lettres de mettre des hommes de génie tels que le Préſident de Monteſquieu au rang des Scioppius, & ſi tou-tes ces diatribes en faveur de l'eſ-prit, ne tendent pas à éteindre le ſçavoir & à mener à la barba-rie. Je me contenterai de faire

A iij

obſerver que la lettre d'un Philoſophe,qui réclame contre un luxe
qui dévore ſa patrie, les droits
de l'humanité, ne doit point être
écrite comme ces bagatelles in-
génieuſes ſur leſquelles roule
ordinairement le commerce épiſ-
tolaire ; que le ſtyle de la politique n'eſt pas celui des toilettes ;
& qu'il n'y a rien de commun
entre le manifeſte de Brutus &
une lettre de Madame de Sé-
vigné.

Le mot de Brutus m'eſt échappé , & je ne m'en dédis pas : il eſt
bon que les hommes riches &
barbares, qui écraſent le peuple
avec leurs chevaux & leur or-

gueil, sçachent qu'il y a dans un
des ordres les plus respectables de
l'Etat, des citoyens qui ne ram-
pent jamais dans les antichambres,
qui sont reçus dans la société sans
être dupes ou fripons, & qui de
la fange d'où on les éclabousse,
font trembler l'idole titrée qui ne
vit que pour déchirer le sexe &
mutiler les hommes.

Le titre de Brutus ne doit effa-
roucher personne ; je prouverai
qu'il ne convient qu'à un philosophe qui a des opinions à lui
sans être cynique ; qui éclaire sa
patrie sans déchirer ses entrailles ;
qui défend le peuple sans outrager ceux qui dévorent sa substan-

ce, & qui n'a que l'enthousiasme d'un cœur sensible, la liberté de l'honnête homme, & la hardiesse de la vertu.

Quant aux critiques qui trouveroient quelque espece de vanité pour l'auteur de cet écrit, à se faire adopter par le Romain célebre qui créa sa république, je n'ai qu'une réponse à leur faire; c'est que le Brutus françois ne veut point se faire connoître, c'est qu'il se propose, en travaillant pour sa patrie, de n'être récompensé que par le témoignage de son cœur, & de se cacher également au satyrique qui osera le déchirer, & à l'homme de bien qui fera son éloge.

Il est donc très-inutile de s'épuiser en conjectures sur l'auteur de cet ouvrage : mon secret est entre mon ami & moi ; ainsi j'en suis le seul dépositaire ; au reste si le livre est bon, il n'a pas besoin d'autres titres : si l'édifice est mauvais, qu'importe aux critiques qui le verront s'écrouler, le nom de l'Architecte ?

Je voudrois seulement qu'on fût bien persuadé des sentimens qui ont fait naître cet ouvrage, & qui survivront sans doute à sa composition.

Je n'ai pas plus l'esprit desapprobateur que Socrate & Montesquieu : ainsi en critiquant le luxe qui a produit nos défaſtres , je n'ai eu en vûe aucun particu- lier. Je ſçais que l'Homme de Lettres chargé par la juſtice des ſiecles de la cenſure publique , n'a inſpeƈtion que ſur les vices & non ſur les perſonnes.

Je n'ai pris le rôle de Brutus que pour tonner contre un abus qui s'eſt gliſſé dans l'Etat malgré la réclamation des Loix & des Sa- ges ; & je ne déſire d'autre révolu- tion dans ma patrie que celle qui aſſurera la tranquillité du peuple contre l'indifférence barbare des riches & la frénéſie de leurs che- vaux.

Enfin je n'ai écrit que pour

les ames honnêtes & fenfibles :
voilà mes Juges ; & ma deftinée
eft entre leurs mains. Pour le
refte des hommes leur indifférence ne m'étonnera point, & leur
haine fera mon éloge.

# LETTRE

## D'UN FRANÇOIS

## NOMMÉ BRUTUS.

# LETTRE

## D'UN FRANÇOIS

## NOMMÉ BRUTUS,

*Sur les Chars anciens & modernes.*

---

## PARAGRAPHE PREMIER.

### DU DÉSASTRE DU 30 MAI.

MON AMI, votre ame que le chagrin sembloit avoir flétrie, commence donc à recouvrer une partie de sa sérénité ; vous n'êtes plus seul au milieu du tourbillon de la société, & le sombre désespoir qui empoisonnoit sourdement en vous les sources de la vie, a fait place à cette douce fenfibilité qui rend la douleur plus intéreffante en la rendant moins dangereufe.

Je viens rouvrir vos bleffures que le tems a mal fermées : mais votre ame eft trop belle pour m'en faire un reproche, & vous pardonnerez aifément au citoyen le crime de l'ami.

Je veux vous rappeller cette nuit horrible, où Paris invité à une fête brillante, la vit terminer par un affreux défaftre ; où un fpectacle devint égal à une tranchée, & où des fufées coûterent la vie à plus de cent trente citoyens.

Rien ne put égaler l'horreur de cette nuit, fi ce n'eft l'effroi du lendemain ; lorfque pour fe dérober à une incertitude cruelle, chaque citoyen s'envoyoit vifiter ; lorfque des peres de famille, la mort dans le cœur, attendoient qu'on les inftruisît, fi leurs enfans avoient été acteurs, ou feulement fpectateurs de

cette

cette sanglante tragédie ; & que d'autres malheureux dont la douleur étoit plus active, alloient dans le cimetiere de la Magdelaine, parmi les cadavres mutilés & hideux qui y étoient exposés, reconnoître leurs épouses, leurs amis, ou leurs peres.

Vous-même, mon ami, pardonnez si je porte le poignard dans votre cœur sensible : je vous vois la nuit même du désastre vous élancer au milieu de la foule, & chercher avec les convulsions de la crainte, une fille qu'on vient d'arracher de vos bras ; la barrière est forcée, & vous pénétrez enfin jusqu'à la ligne fatale qui sépare les morts de ceux qui vont mourir. Le premier objet qui frappe vos regards, est le cadavre défiguré de votre fille, étendu sur d'autres cadavres ; vous jettez un cri d'effroi, & vos yeux se couvrent d'un nuage : mais l'horrible tragédie étoit alors à son dé-

B

nouement ; la rue Royale fe dégage, &
on vous tranfporte hors du lieu de la
fcène fur un tombereau enfanglanté ,
où malgré l'horrible fatigue que vous
aviez fubie, la vûe des objets effrayans
qui vous environnoient , & l'image dé-
chirante de votre fille, vous ne pûtes
mourir.

Mon objet n'eft point de tracer ici
de finiftres tableaux, ou plutôt ma fenfibilité les avoit faits , & ma raifon les a
effacés ; le bien qui en réfulteroit feroit
douteux , & le mal feroit évident : il en
eft parmi ces tableaux qui pourroient
altérer dans les ames trop fenfibles les
principes de la vie, & faire dans Paris
l'effet que fit autrefois dans Athènes la
tragédie des Euménides.

Quand même le tableau de notre
dernier défaftre n'auroit point, comme
le drame d'Efchyle, la force de faire
avorter des meres & mourir des enfans,

l'impreſſion, ſans être auſſi vive, pourroit être plus durable. On croiroit peut-
être que le but de cet ouvrage a été
d'effrayer le peuple plutôt que de tonner contre un luxe meurtrier ; alors les
riches ſeroient mécontens, le peuple
ne ſeroit qu'allarmé, & mon projet patriotique ne ſeroit point rempli.

Mais ſi, à l'occaſion de cet événement déplorable, un ami cherchoit à ſe
prémunir contre de nouveaux regrets ;
ſi un citoyen expoſoit à ſa patrie quelques idées qui pourroient contribuer à
ſon bonheur ; ſi un Philoſophe plaidoit
de ſon cabinet la cauſe du Genre Humain : quelle eſt l'ame vile & étroite
qui oſeroit lui en faire un crime ? &
s'il s'en trouvoit, avec quel empreſſe-
ment n'irois-je pas me vanter de ce
crime à tous les gens de bien ?

C'eſt l'homme de bien qui fait la fortune des ouvrages honnêtes ; c'eſt ſon

ſuffrage qui récompenſe le talent qu'il fait naître : l'homme de bien eſt·le ſeul que j'aie toujours trouvé ſenſible, c'eſt le ſeul qui m'ait pardonné d'être Philoſophe.

# PARAGRAPHE II.

## DÉFENSE DE BRUTUS.

JE n'oublierai jamais que ce fut dans un cercle d'hommes de bien, qu'ayant eu occasion de parler avec force contre un objet de luxe qui flétrit l'ame & dégrade l'humanité, tout le monde s'accorda à me nommer Brutus, titre qui ne suppose ni de grands talens, ni une audace coupable, & qui fait moins d'honneur au citoyen qui le reçoit, qu'à ceux qui ont le courage de le donner.

Il me semble que le nom de Brutus devroit convenir à la plûpart des Gens de Lettres ; il désigne l'être sublime qui se fait une patrie, ou qui l'éclaire ; qui n'a que la hardiesse du génie & de la vertu, & qui crée son ame, malgré les despotes de la terre, les esclaves du fanatisme, & les Tarquins de la Littérature.

B iij

Le feul trait de ce tableau, qui me convienne peut-être, eft le mérite de n'avoir que la hardieffe de la vertu : vous fçavez, mon ami, que l'amour de la patrie, qui chez tant de perfonnes n'eft qu'une vérité de théorie, eft chez moi une vérité de fentiment : ma fierté républicaine ne fe déploya jamais que contre l'erreur ; & nous fommes dans un fiecle où l'on peut dire, même aux Rois, que l'erreur n'eft jamais bonne à rien.

# PARAGRAPHE III.

## DES CAROSSES QUI VOULURENT TRAVERSER LA RUE ROYALE.

JE n'ai déja que trop parlé de Brutus, & je reviens à mes concitoyens. Le désastre dont votre cœur soupire, vous le sçavez, mon ami, fut dû en partie aux Carosses ; tandis que les Princes & les Grands de la Nation, sensibles par instinct & par devoir, attendoient en silence que le tumulte fût appaisé, des hommes nouveaux accoutumés à jouir de l'indigence de ce qui les environne, & à fouler aux pieds un peuple obscur, comme s'il ne valoit pas les chevaux qui l'écrasent, ordonnerent à leurs cochers de percer la foule qui formoit une épaisse barriere : ces vils esclaves eurent la bassesse d'obéir : le peuple frémit & resserra l'enceinte où il étoit ren-

fermé : alors le défordre fut à fon comble. Un foffé, des décombres, l'effroi
plus mortel peut-être fit tomber les premiers, qui furent étouffés par ceux qui
les fuivoient : les autres emprifonnés
entre des morts & des chevaux, périrent plus malheureux encore, parce
que leurs yeux, avant de fe fermer,
virent à loifir tous les compagnons de
leur infortune.

Voilà donc des familles éteintes, une
foule de citoyens perdus pour l'Etat,
& un plus grand nombre que l'indigence lui rendra long-tems inutiles, parce que deux ou trois perfonnes ont voulu
s'attirer par leurs équipages un refpect
que le public accorde quelquefois à la
place, & toujours à la perfonne.

Le Magiftrat éclairé qui veille à la
police de Paris, a réparé autant qu'il a
été en lui ce défaftre, qu'il n'étoit pas
en fon pouvoir de prévenir. Des Grands

qui fçavent quel ufage la nature leur a
prefcrit de faire des richeffes, ont exer-
cé leur bienfaifance fur ceux que cet
événement a rendus orphelins : on a
même vu le Dauphin envoyer à ces
malheureux l'argent deftiné pour fes
plaifirs, & ce trait a fait connoître
qu'il étoit digne de commander à des
hommes.

Les feuls auteurs du défaftre ont été
infenfibles : ils ont cru fans doute qu'on
ne pouvoit leur faire un reproche d'a-
voir fait ufage de leurs chevaux ; ou que
leur délit, fi c'en étoit un, devoit être
confondu dans la foule des crimes obfcurs & vulgaires. Ce n'eft point au Philofophe à les traduire devant les Tribunaux de la Nation qu'ils ont lézée, il ne
peut que les dénoncer à la poftérité qui
jugera cette action & en éternifera
l'opprobre.

Je confens même de ne point flétrir

aujourd'hui ces hommes vils, malgré leur hauteur, & obſcurs malgré leur opulence, & de n'exhaler mon indignation patriotique que contre les inſtrumens de leur luxe qui ſont devenus ceux de nos malheurs. Il faut des victimes à la Nation ; & en vérité on ne ſçauroit l'accuſer de férocité, ſi laiſſant les coupables en proie à leurs remords, ſa vengeance ne tombe que ſur des caroſſes.

## PARAGRAPHE IV.

### DES DÉSORDRES AFFREUX CAUSÉS JOURNELLEMENT PAR LES CAROSSES.

IL ne faut pas croire que Paris soit le seul théatre de ces scènes sanglantes, elles se répetent quelquefois dans les provinces; & les villes inférieures y sont d'autant plus exposées, que ses habitans se disent plus polis, qu'ils sont plus inhumains, qu'ils imitent plus le luxe effréné de la capitale.

Les grands désastres mêmes, tels que celui du 30 Mai, servent de tems en tems d'époque à leurs annales. Lyon n'oubliera jamais un évenement atroce en ce genre, qu'elle a pleuré long-tems avec des larmes de sang. Elle a une fête solemnelle dans un de ses fauxbourgs, qu'elle célebre tous les ans au commencement d'Octobre ; on se rend pour cet effet dans une plaine immense qui est de l'autre côté du Rhône, & qui communique à la ville par un pont, monument de la magnificence & de l'industrie des Romains ; le peuple libre ce jour-là, parce qu'on lui dit qu'il l'est, s'abandonne à la double yvresse de la joie & du vin ; & quand la nuit a mis fin à ses saturnales, il repasse en désordre le pont unique qui le sépare de sa patrie. L'année du désastre, il s'éleva quelque querelle entre de jeunes personnes du sexe & les commis de la barriere qui, sous prétexte d'examiner si elles n'emportoient aucun effet de contrebande, prirent avec elles des libertés dont rougissent en public même des courtisannes : leurs peres ou leurs maris, qui n'étoient pas assez yvres pour être infâmes, s'emporterent ; & quand le tumulte commença à devenir dange-

reux, les commis firent fermer les portes de la Ville ; la multitude ſe trouva
alors reſſerrée dans l'enceinte du pont ;
& comme on ne ceſſoit d'avancer du
côté de la plaine, le déſordre monta à
ſon dernier période, & l'enceinte de la
porte ne ſe trouva bientôt peuplée que
de cadavres & d'hommes mutilés qui
craignoient de ne pouvoir mourir.

Ce furent encore les équipages &
les chevaux qui amenerent la cataſtro-
phe : le peuple ſe vit en un inſtant en-
fermé entre des caroſſes qui avan-
çoient & l'airain impénétrable d'une
porte de ville : il s'effraya, & ſa terreur
faiſant cabrer les chevaux, ne ſervit
qu'à augmenter le nombre des victimes.

Il y eut dans ce déſaſtre de Lyon
une circonſtance effayante de plus que
dans celui de Paris : un grand nombre
de citoyens voulant ſe dérober à la
mort, monterent ſur les parapets du

pont, & fe précipiterent dans le Rhône; mais comme le lit du fleuve fous les arches eft couvert de rochers à fleur d'eau, tous ceux qui tomberent furent brifés dans leur chute , & leur mort fans être plus prompte n'en fut que plus cruelle.

On m'a rapporté dans Lyon une fcène tragique qui fe paffa dans cette nuit mémorable , & dont le fouvenir affreux s'eft perpétué parmi les habitans ; un jeune homme qui idolâtroit fa mere , au commencement du tumulte en avoit été féparé par le flux & le reflux de la multitude : quand les cris lamentables des citoyens qu'on écrafoit, commencerent à fe faire entendre, il courut la fureur dans les yeux & la mort dans le fein vers le lieu de la fcène; le premier objet qui frappa fes regards fut cette mere adorée , étendue fur des cadavres & des corps palpitans , dont l'œil glacé s'entrouvroit pour le recon-

noître, & qui de ses bras mutilés ten-
toit encore de l'enlasser : sa pensée em-
brassa dans un instant indivisible tout
cet affreux spectacle : car à peine étoit-
il aux piés de sa mere, que les flots de
la multitude le porterent avec rapidité
hors du lieu du désastre : il marcha alors
sur le sein de la victime qu'il étoit venu
sauver ; & quoique son intrépidité eût
fait de lui un héros, cette femme em-
porta peut-être au tombeau le regret
d'avoir cru son fils parricide.

On n'a jamais sçu précisément le
nombre des personnes qui périrent dans
cette fête fatale : mais en réduisant les
calculs exagérés des malheureux qui y
survécurent, il est difficile de ne pas
faire monter à trois cens le nombre des
victimes.

Qu'on ne dise donc pas que le désastre du 30 Mai est un événement unique dans son genre, contre lequel il

ne faut pas plus prendre des mesures
que contre un tremblement de terre.
De plus le malheur qui est arrivé dans
la rue Royale, se répete toutes les années en détail dans les autres rues de
Paris ; mais on y fait peu d'attention,
parce qu'il faut à la multitude de grands
spectacles, & que les traits les plus pa-
thétiques frappent bien moins quand
ils font épars que quand ils font réunis
dans le même tableau.

Je mene une vie très-sédentaire que
je partage entre les morts célebres que
j'étudie, & un petit nombre d'amis que
je fréquente ; cependant moi seul j'ai
vu dans l'espace de neuf mois un homme, deux femmes & un enfant écrafés
fous les roues des carroffes. La derniere
de ces scènes tragiques se paffa le 6 de
Juillet dans la rue Saint-Severin. Le
malheureux qui y périt, étoit fils d'un
artifan obfcur, mais honnête, l'idole
de

de sa famille , & l'objet des soins d'un ami généreux, qui, frappé de ses talens naissans , travailloit à l'élever moins pour lui que pour la patrie. Cet enfant fut partagé en deux par la roue, & lorsque les cris du peuple firent arrêter les chevaux , déja la victime n'étoit plus (1).

Des scènes semblables se passent fréquemment dans les divers quartiers de Paris ; mais le peuple n'est ému que de

---

(1) Voilà donc une famille nombreuse plongée dans la désolation, une ame honnête découragée pour le bien, & peut-être un grand homme perdu pour l'Etat, parce qu'un bourgeois a rougi d'aller à pied d'une rue à une autre. Si un tel malheur m'étoit arrivé, & que je n'employasse pas tous les instans de ma vie à procurer à la famille que j'ai rendu malheureuse, toutes les consolations qui seroient en mon pouvoir, je me croirois indigne de porter le nom d'homme.

ce qu'il voit; ajoûtons que dans une ville immenſe le même fait ne ſe répand pas uniformément partout; l'habitant de la rue Saint-Jacques ignore le meurtre qui s'eſt commis à la place Vendôme, & le citoyen du fauxbourg Saint-Germain n'apprendra peut-être jamais qu'une femme a été écraſée ſous les murs de la Baſtille.

## PARAGRAPHE V.

### TRÈS-HUMBLES REPRÉSENTATIONS AUX MAGISTRATS.

CE n'eſt donc point à un Seigneur parfumé, qui promene dans les cercles ſon ennui & ſon indifférence pour l'eſpece humaine, à examiner ſi ma réclamation eſt légitime ; ce rôle n'appartient qu'à des Magiſtrats accoutumés à embraſſer la ville entiere d'une vûe générale, & à faire concourir au bien de l'Etat cette multitude de roues oppoſées, qui font mouvoir la grande machine politique ſans la gêner dans ſa marche : ils ont en main les pieces du procès ; qu'ils jugent entre les automates titrés, qui diſent que tout eſt bien, & le citoyen honnête & ſenſible qui indique à la fois le mal & le remede ; entre l'homme blafé qui n'eftime que fon cuifinier, fon ferrail & fes chevaux, & le Philofophe qui attache quelque prix au fang des hommes.

J'ai vu quatre perfonnes écrafées à Paris dans l'intervalle de neuf mois; on pourroit en conclure, fans être mifantrope, qu'il y en a au-moins foixante par an; mais ne comptons que trente victimes, & fuppofons qu'il y en a un pareil nombre d'eftropiées, le calcul fera réduit fans ceffer d'être effrayant. Qu'ont fait à l'Etat tous ces malheureux, dont les uns expirent dans les agonies d'une mort lente & cruelle, & dont les autres hideux & mutilés ne peuvent faire un pas, fans s'indigner contre les riches, & maudire le fyftême de l'inégalité?

Quand il n'y auroit que dix perfonnes que les voitures de Paris feroient périr d'une mort violente, quand il n'y en auroit qu'une seule ; où est le Gouvernement où la vie d'un homme n'est rien ? & qu'est-ce que tous les chevaux d'un Royaume auprès d'un citoyen ?

# PARAGRAPHE VI.

## DES CORPS VIGOUREUX DES ANCIENS.

*Courte digression sur les Modernes.*

LE desastre de Paris m'a fait faire des recherches sur cette espece de luxe, qui consiste à ne pouvoir traverser une rue sans le secours d'une prison mobile où l'on se renferme, & à se rendre paralytique afin de représenter.

Dans le tems de la jeunesse du genre humain, il est à croire que personne ne rougissoit de faire usage de ses jambes ; la vigueur faisoit alors un mérite, & devenoit pour les individus un principe de supériorité : on ne voyoit point de ces vieillards de trente ans, qui, avec des yeux ternes & des organes usés, haletent en cherchant le plaisir qui les fuit, ont des jouissances qui font leur

ſupplice & n'exiſtent que pour blaſphé-
mer la nature.

J'obſerve même que depuis les tems
héroïques juſqu'à nous, les peuples les
plus énervés ont rendu hommage aux
hommes qui avoient conſervé cette vigueur primitive : un athlète vainqueur
étoit un-demi-dieu pour les Grecs ; l'Europe ne prononçoit qu'avec reſpect le
nom de nos hommes d'armes & des anciens héros de la Chevalerie ; & quand
l'Eſpagnol, lors de la découverte du
Nouveau Monde, vit le Caraïbe ter-
raſſer lui ſeul un Jaguar, faire à pied
trente lieues en un jour, & ſe défendre avec des rochers contre ſon artillerie, il prit quelque tems le ſauvage pour
l'homme de la nature, & lui-même
pour l'homme dégénéré.

Qu'avons-nous gagné à ſubſtituer des
forces étrangeres à celles qui dépen-
doient de notre volonté ? peu à peu nos

organes ont perdu leur reſſort ; les petites cordes homogenes qui compoſent
le tiſſu nerveux ont ceſſé d'exécuter
leurs vibrations, & on a été réduit à
acheter le plaiſir qu'on n'eſpéroit plus
de goûter.

Delà un ſentiment vague d'ennui
s'eſt emparé de ceux qui ont négligé de
faire uſage des bienfaits de la nature :
les hommes ont eu leurs maux de nerfs,
& les femmes leurs vapeurs : ils s'épui-
ſent tous pour chercher de nouvelles
ſenſations voluptueuſes ; & enfin ils ter-
minent leur inſipide carriere, ſans avoir
connu le bonheur.

# PARAGRAPHE VII.

## RECHERCHES SUR L'ORIGINE DES CHARS.

PLINE, dont la science embrassoit toute la nature, prétend que le premier ouvrage qui ait été écrit sur l'équitation & sur les chars, est celui de l'Athénien Simon (1); mais le nom de cet Auteur n'existe plus que dans la mémoire des Bibliographes.

Xenophon, un des plus grands guerriers & un des meilleurs philosophes de la Grece ( ce qui peut-être n'est

_____

(1) *Hist. natur. Lib. XXXIV. cap. 8.* par reconnoissance Athènes lui avoit fait ériger une statue équestre en bronze dans le temple d'Eleusis ; mais le temps a détruit également la statue & l'ouvrage.

pas contradictoire ), écrivit aussi quelque chose sur ce sujet (1) ; malgré le grand nom de cet Ecrivain, son ouvrage est meilleur à citer qu'à consulter.

Pausanias, dans son voyage de l'Elide, a répandu quelques lumieres sur ce point de discussion : c'est-là qu'il trace l'histoire des jeux olympiques ; & le peu qu'il dit des chars de la Grece est plein d'intérêt, parce qu'il examine cette partie de la gymnastique, comme antiquaire, comme historien & comme philosophe.

Pierre du Faür, pere du célebre Pibrac, le Ministre protestant Bullinger, le Médecin Mercurial & cet Onuphre Panvinius, qui a tant critiqué les Césars & tant flatté les Papes, ont aussi, dans

_______________

(1) Voy. *Tractat. de re equestri.* Oper. Tom. VI. édit. Oxon.

les deux fiecles derniers, écrit fur les chars; mais leurs ouvrages n'ont pu m'être d'aucune utilité, foit parce qu'ils n'ont eu en vûe que les jeux de la Grece & non un objet de luxe fatal aux deux mondes; foit parce qu'au lieu de raifonner, ils fe contentent de commenter Homere, Plutarque & Paufanias.

Un Moine moderne, pefamment laborieux, a confacré dix années de fes veilles fcholaftiques à faire des recherches fur l'époque de l'ufage des chars chez les Anciens (1). Je connois peu d'ouvrages plus travaillés, & cependant plus obfcurs que celui-là, plus fça-

---

(1) Voyez *Recherches fur l'époque de l'équitation & de l'ufage des chars, &c.* par le R. P. Gabriel Fabricy, de l'Ordre des Freres Prêcheurs, & de l'Académie des Arcades.

vans & plus inutiles; l'auteur ne prouve jamais, mais il cite; il s'occupe moins à éclairer qu'à compiler; c'est le Pere Hardouin de ce siecle : il ne possede pas l'imagination de ce Jésuite, mais il a son obscurité, l'intempérance de son érudition, & sa logique.

Il est assez singulier que dans le dix-huitieme siecle il se soit trouvé un Ecrivain qui ait compilé les fastes Egyptiens, Chaldéens & Chinois, pour discuter un point de chronologie inutile, & qui ait employé deux volumes *in*-8°. à prouver que les chevaux ne commencerent à tirer & à porter que dans le siecle de Jacob.

Comme ce Moine n'a rien appris aux philosophes sur la police des chars, que tous ses calculs ne tombent que sur des objets étrangers, & qu'il a tout approfondi, excepté son sujet : son ouvrage n'est bon ni à lire, ni même à citer.

Il paroît au reste que l'invention des chars est de l'antiquité la plus reculée : car Eschyle ne pouvant remonter plus haut, l'attribue à ce Prométhée, qui, suivant l'ancienne mythologie, fut éternellement puni des dieux, pour le crime d'avoir créé les hommes (1).

---

(1) Voici le texte d'Eschyle, qui prouveroit que la Grece étoit policée bien des siecles avant ce poëte : opinion cependant que plusieurs Sçavans peu philosophes regardent comme un blasphême.

« A quel autre que moi les nouveaux » dieux doivent-ils les biens qu'ils possè- » dent ? ..... Ils voyoient, mais ils voyoient » mal : ils entendoient, mais ne compre- » noient pas ; êtres frivoles semblables » à des songes légers, ils confondoient » tout ; ils ignoroient l'art de bâtir des » maisons : tels que d'avides insectes, ils » se creusoient sous la terre d'obscurs » cachots ; la froidure des hivers, les

Je sçai qu'il importe fort peu aux enfans des malheureux qui ont été écrasés à Paris le 30 Mai, que ce soit le Prométhée d'Eschyle, ou la Minerve de Cicéron, ou l'Erichton de Virgile (1),

---

» fleurs du printems, les moissons de l'été, » ne leur apprenoient point à distinguer les » saisons ; je leur fis connoître le lever des » astres & leur coucher ; je leur enseignai la » science admirable des nombres, & je for- » mai en eux la mémoire mere de la science » & des muses. . . . . . J'accouplai les ani- » maux sous le joug. . . . . . *J'accoutumai les* » *coursiers au frein, je les attelai à des chars* » *pour servir au luxe & au faste des riches.* » Personne avant moi n'avoit inventé ces » chars aîlés qui volent à l'aide des vents sur » la vaste plaine des mers, &c. ». Tragédie de Prométhée, traduct. nouvelle, acte III, sc. 1.

(1) *Primus Erichtonius currus & quatuor ausus*
*Jungere equos, rapidisque rotis insistere victor ;*
*Frena Pelethronii Lapithæ, gyrosque dedére*

qui aient inventé l'art de faire traîner une
prifon mobile par deux ou quatre chevaux : mais puifqu'on a abufé de l'éru-

---

*Impofiti dorfo ; atque equitem docuère fub armis*
*Infultare folo , & greffus glomerare fuperbos.*

Georg. Lib. III.

Erichton le premier , par un effort fublime ,
Ofa plier au joug quatre courfiers fougueux ,
Et porté fur un char s'élancer avec eux ;
Le Lapithe monté fur ces monftres farouches ,
A recevoir le frein accoutuma leurs bouches ,
Leur apprit à bondir , à cadencer leurs pas ,
Et gouverna leur fougue au milieu des combats.

Trad. de l'Abbé de Lille.

On peut concilier Efchyle & Virgile , en
difant que Prométhée inventa les chars à
deux roues, *bigas ;* & Erichton les chars à
quatre roues, *quadrigas :* ce qui eft moins abfurde que de faire la même perfonne de Prométhée & d'Erichton, comme Zoroaftre a
été pris pour Adam par Cluvier, pour Abra-
ham par Procope , pour Sem par Grégoire
de Tours , & pour Moyfe par le fameux

dition pour faire l'apologie du luxe, il m'eſt bien permis d'en uſer pour faire ſa critique.

Nos Philoſophes modernes ſont bien loin de ſuppoſer une grande ancienneté à l'époque de l'inſtitution des chars : ceux-mêmes qui font du Monde un être coéternel à la Suprême Intelligence, paroiſſent ſur ce ſujet les pyrrhoniens les plus décidés ; plus ils vieilliſſent le genre humain, & plus ils le font enfant ſur ſes uſages.

Quelques Auteurs ſe ſont imaginés que le cheval même fut long-tems un quadrupede ſauvage, & inconnu aux Grecs : un Grammairien d'Egypte, nommé *Pollux*, ſoutenoit ce para‑doxe dans le ſecond ſiecle de notre

---

Evêque d'Avranches, juſqu'à ce M. Anque‑til nous le donne pour lui-même, c'eſt-à-dire, pour Zoroaſtre.

Ere

Ere (1) , & des fcholiaftes ont pouffé la démence pyrhonienne jufqu'à accufer Homere d'anachronifme , pour avoir tiré de l'art de monter à cheval fes images & fes comparaifons (2).

Cette idée me paroît une des plus folles qui foit jamais entrée dans la tête des commentateurs. Le Pline des Romains & le nôtre ont démontré que de tems immémorial les chevaux fauvages ont été en fort petit nombre , & qu'il a été très-facile à l'homme d'en faire la conquête , à moins qu'il ne fût encore plus fauvage que ces quadrupedes.

Ces Scholiaftes reffemblent un peu à l'Abbé Banier, qui prétendoit que les Perfes ignorerent long-tems l'ufage du

---

(1) Voyez fon Dictionnaire grec , connu fous le nom d'*Onomafticon* , I. 140.

(2) Voyez Spanheim, *de præftant. numifm.* Tom. II. p. 133.

D

feu (1), tandis que le climat qu'ils habitoient étoit embrasé neuf mois de l'année par les feux du soleil : tandis que le culte du feu étoit chez ces peuples plus ancien que Zoroastre.

Plutarque, un des Sceptiques les plus judicieux qui aient écrit sur les actions des hommes & sur leurs pensées, comparoit l'histoire des premiers âges à ces terres inconnues que les Géographes mettent à l'extrémité de leurs Cartes, & qu'ils supposent formées de sables arides, couvertes de glaces éternelles, ou habitées par des monstres (2). La plûpart des Commentateurs sont ces Géographes ; ils croyent que trois mille ans mettent une différence essentielle entre les hommes ; qu'une vingtaine de

––––––––––––

(1) Explicat. des Fables, *Tom. III.* p. 201.

(2) *Plutarch. parallel. oper.* Tom. I. pag. 1.

fiecles fuffifent pour changer la face de la terre ; & que la nature telle que nous la voyons, n'eft point la même que celle des tems d'Hermès & de Pythagore.

Il eft probable que dès que les hommes furent réunis en fociété, ils fe firent de nouveaux befoins, & qu'ils fongerent, pour les fatisfaire, à mettre un certain nombre d'animaux fous leur dépendance. Le cheval fut le premier à qui ils donnerent des chaînes ; mais on ne peut décider avec les feules lumieres de la raifon, fi on l'employa d'abord à porter plutôt qu'à tirer ; & s'il y eut des hommes de cheval avant les cochers.

Lucrece femble décider la queftion en faveur du Cavalier (1) ; mais ce

_______________________

(1) *Et prius eft repertum in equis confcendere coftas*
*Et moderarier hunc frænis, dextraque regere,*
*Quam bijugo curru belli tentare pericla ;*

Poëte qui a tant fait de beaux vers, s'est trompé fi fouvent dans fes récits & dans fes fyftêmes, que fon autorité, fi grande pour les gens de goût, n'eft prefque rien pour les Philofophes.

D'abord il n'eft pas vrai qu'il foit plus fimple de monter un cheval que de lui faire traîner un char, fur-tout dans l'origine, où une voiture ne devoit être qu'un traîneau, fans roues & fans refforts : de plus, la plûpart des découvertes font dûes au hazard, ce qui jetteroit encore des doutes fur cette marche méthodique qui confifte à paffer toujours du fimple au compofé ; enfin les raifonnemens ne prouvent rien contre les faits ; or il paroît, par le fuffrage de la plûpart des Hiftoriens & des Poëtes de l'anti-

---

*Et bijugo prius eft quam bis conjungere binos,*
*Et quam falciferos inventum adfcendere currus.*

De naturâ rerum. *Lib. V.*

quité, qu'on se servit d'abord des chevaux en les attelant à des chars, soit
pour combattre, soit pour voyager (1);
ainsi, malgré Lucrece, les titres de noblesse des hommes de cheval sont pos-
térieurs à ceux des cochers.

Le traîneau fut probablement la plus
ancienne des voitures : d'abord on imagina de le poser sur des rouleaux déta-
chés ; ensuite on les lia au corps de la
machine (2) : enfin on trouva l'art d'é-
vider les roues en les composant de
jantes & de raies, & le traîneau devint
un char digne de porter les statues des

---

(1) Odyss. Hom. *Lib. III. verf. 475. &c.*
Diod. Sicul. *Lib. V.* Pollux Onomast. *I.*
*Segm. 141.* Palœphat. *de incred. c. 1. &c.*

(2) Les roues pleines & massives atta-
chées au corps des traîneaux sont encore en
usage au Japon. Voyez Kaempfer, *Hist. du*
*Japon.* Tom. III. p. 218.

dieux & les héros montant en triomphe au capitole.

La plus ancienne épo**●** de la découverte des chars remonte à plus de trois mille ans avant notre Ere vulgaire. *Hiene-Yuene, Empereur de la Chine, dit Lopi* (1), *inventa les chars, il joignit ensemble deux pieces de bois, l'une posée droit & l'autre en travers, afin d'honorer le Très-Haut . . . . par ce moyen il gouverna l'Univers en paix.* Il y a un peu loin de ce traîneau grossier à ces chars, moitié dorés & moitié transparens, que les travaux de dix artistes différens contribuent à décorer, & qui engloutissent le prix d'une maison entiere ; aussi nous n'achetons pas un carosse *pour honorer le Très-Haut ; & le monde n'est point*

_______________

(1) *Extrait des Hist. Chinois*, par M. des Hautesrayes. *Orig. des Loix*, de Goguette. Tom. VI. p. 320.

*gouverné en paix* par ceux qui menent des cabriolets.

Hoang-Ti long-tems après, c'est-à-dire 2697 ans avant notre Ere vulgaire (1), perfectionna le traîneau inventé par Hiene-Yuene, il fabriqua un char sur lequel étoit une figure dont le bras se tournoit toujours de lui-même vers le midi, afin d'indiquer les quatre régions (2) ; ce qui feroit croire que la Chine n'étoit encore alors qu'un vaste désert, où l'on ne pouvoit voyager sûrement qu'à l'aide de la boussole.

L'Egyptien bien moins ancien que le Chinois, fit aussi long-tems après lui la découverte des chars ; s'il est permis de s'arrêter quelque instant sur ces tems

---

(1) Je suis ici le calcul du P. Martini. Voy. *Sinicæ Historiæ. dec. I. Lib. I. pag.* 25.

(2) *De l'origine des Loix*, de Goguette. Tom. VI. pag. 341.

fabuleux, qu'on nomme les tems héroïques, il paroît qu'on en partage l'honneur entre Orus, fils d'Ofiris, & Sefof-
tris (1). Les fuccefleurs de ces Princes
perfectionnerent les chars, & les ren-
dirent meurtriers en les armant de faulx.
Bientôt les Etrangers qui commerçoient
fur les bords du Nil, adopterent ce
nouvel inftrument de la férocité mili-
taire, & s'en fervirent avec fuccès contre fes inventeurs.

Le Cantique de Moyfe, monument
fublime de bon goût au milieu d'un
fiecle barbare, parle des chars de Pha-
raon (2); cependant les Hébreux qui

______________

(1) *Dicearchus apud Schol. Apollon. Rhod.*
Lib. I.

(2) *Cantemus Domino, gloriosè enim mag-*
*nificatus eft; equum & afcenforem dejecit in*
*mare . . . . currus Pharaonis & exercitum ejus*
*projecit in mare.* Exod. Cap. XV.

prirent les lumieres des Egyptiens &
leurs richeffes, ne voulurent pas tenir
d'eux l'ufage des chariots ; Abfalom
paroît le premier qui l'introduifit en
Ifraël (1). Jufqu'alors les Rois n'avoient
voyagé que fur des mules, & les premiers de l'Etat n'avoient eu que des
ânes pour montures. Salomon eft même le feul Prince de cette Nation qui
ait entretenu dans fes palais un grand
nombre de chars (2), & il en avoit
befoin fans doute pour promener fes
fept cens femmes & fes trois cens con-
cubines.

Pour les chariots armés de faulx,
plufieurs Nations voulurent ravir à l'E-
gypte la gloire atroce d'en avoir fait la
découverte ; Xenophon l'attribue à Cy-

***

(1) Reg. *Lib. II. Cap. XV.*
(2) Bochart, *Hierozoic. Part. I. Lib. II. c. 9.*

rus (1) ; Hefychius à un Roi de Macé-
doine (2) ; & Ctefias à Sémiramis (3).
Il eft inutile de s'appefantir fur ces dif-
cuffions, & de faire honneur à la mémoire d'un Souverain de ce qui eft un
crime, aux yeux du Philofophe.

Au refte, fi quand il s'agit de faits
hiftoriques, la raifon pouvoit avoir quelque autorité, j'inclinerai à penfer que
les chariots armés de faulx, ont été inventés fur les bords du Nil. L'Egyptien de tems immémorial a été le plus
lâche des peuples des deux continens;
Nabuchodonofor, Cyrus, Alexandre,
Céfar, & le Calife Omar, n'ont eu
befoin que de paroître dans la contrée

---

(1) Cyroped. *Lib. VI. cap. 1.*
(2) *Lexicon. Tom. 1. col. 1032.*
(3) Voyez quelques extraits de cet Hiftorien, dans le fecond Livre de Diodore de Sicile.

qu'il habitoit, pour en faire la conquête: il eft donc bien probable que les
Souverains, pour fuppléer à la foiblefle
de leurs fujets, eurent recours de bonne
heure à des inventions qui rendoient
inutiles la valeur de leurs ennemis; des
chariots armés de faulx pouvoient faire
une armée de Sybarites auffi forte qu'u-
ne armée de Spartiates; comme depuis
quelques fiecles, l'artillerie a rendu
tout égal entre des grenadiers François
& des foldats du Pape.

Cette réflexion ne conduit point
à adopter toutes les rêveries confi-
gnées dans l'hiftoire Egyptienne. Qui
croira Hérodote, quand il dit que Sé-
foftris partit avec fix cens mille fan-
taffins, vingt-quatre mille chevaux, &
vingt-fept mille chars armés de faulx,
pour conquérir toute la terre? Que penfer des Auteurs qui ont écrit que la ville
de Thebes avoit cent portes, par cha-

cune defquelles fortoient deux cents chariots armés en guerre, & cent mille combattans : calcul qui fuppoferoit cinquante millions d'habitans dans une feule ville, tandis que le pays entier n'en a jamais pu nourrir plus de fept millions (1) ? Tous ces hommes créés avec la plume des Rhéteurs, reffemblent à ceux qui furent créés avec les pierres de Deucalion.

Il eft probable que les peuples dont le corps & l'ame étoient également énervés, ont pu inventer les chars ar-

_____

(1) Voici un texte de Diodore de Sicile. *Liv. I. ch. 17.* « L'Egypte a été & eft en- » core aujourd'hui auffi peuplée qu'aucun » lieu du Monde ; on y voyoit fous le regne » de Ptolémée fils de Lagus, trois mille » villes qui fubfiftent encore aujourd'hui : » on comptoit autrefois fept millions d'hom- » mes dans cette contrée, & aujourd'hui il » n'y en a guères moins de trois millions ».

més en guerre ou en adopter l'ufage ; pour les chars ordinaires, on les a trouvés de tout tems chez les Nations les plus belliqueufes ; fur-tout dans les pays où les citoyens toujours errans n'habitoient que fous des tentes : on cite en particulier les Iffedons (1), les Maffagetes (2), les Scythes anciens (3), & les Tartares modernes (4) ; mais tous

---

(1) Tzetzes *in Chiliad. apud Bayer. Chronol. Scyth. Comment. Tom. III. pag 346.*

(2) Ammian. Marcell. *Lib. XXXI.*

(3) Herod. *Lib. IV.*

(4) Leurs tentes, dont quelques-unes ont vingt ou trente pieds de long, font faites de feutre blanc enduit de chaux ou de terre, & terminées en pointe ; elles font pofées fur des roues, & traînées par des bœufs : l'affemblage de ces maifons ambulantes forme les villes de Tartarie. *Hift. Génér. des Huns*, par M. de *Guignes.* Tom. I. Part. II.

ces peuples Nomades n'abuferent jamais ni en paix ni en guerre de leurs
tentes ambulantes pour les rendre
meurtrieres : il n'étoit réfervé qu'au luxe
des peuples policés , de rendre les voitures de leurs Sybarites auffi fatales aux
hommes que des chariots armés de
faulx.

Il ne faut même chercher que parmi
nous ces peuples policés & ces Sybarites. Les Anciens eurent quelquefois des
chars deftructeurs , mais nous allons
voir que leur fage police en préve-
noit les défordres : le luxe chez eux
étoit fans ceffe modifié par la loi, il ne
pouvoit devenir funefte qu'à ceux qui
en faifoient ufage ; & en effet, il eft
fort naturel que ceux qui amenent
un fléau dans leur patrie en foient les
premieres victimes.

# PARAGRAPHE VIII.

## CONSIDÉRATIONS SUR LES GRECS.

LEs Grecs ont de tems immémorial connu les chars, & parmi eux les habitans de Cyrene font ceux qui ont le plus perfectionné cette découverte du luxe (1); d'où il ne faut pas conclure qu'ils écrafoient beaucoup d'hommes, mais feulement qu'ils remportoient beaucoup de victoires aux Jeux Olympiques.

_______________

(1) Voici ce qu'en dit Maxime de Tyr, qui eut la double gloire d'être difciple de Platon & précepteur de Marc-Aurele : *Difciplina Cretenfium eft venari, montes fuperare, fagittare, currere ; Theffalorum, equitare ; Cyrenenfium, aurigare.* Maxim. Tyr. *Differt. VII. Daniele Heinfio interprete*, edit. Lugd, Batav. 1607.

Les Grecs n'avoient qu'une efpece de chars qu'ils nommoient *arma*; & l'unique différence qu'on obfervoit entre leurs voitures venoit de la diverfité des attelages (1) : leur *funoris* étoit un *arma* attelé de deux chevaux : quand ils en mettoient quatre, ils l'appelloient *tetroris* ; & ce qu'il y a de fingulier, c'eft que l'inftitution du *tetroris* précéda celle du *funoris* de 272 ans. Les quatre chevaux du *tetroris* étoient rangés de

(1) Il eft certain que Paufanias ne parle jamais que de l'*arma* ; & quand Amafée, fon traducteur latin, a rendu les mots de *calpe* & d'*apene* par ceux de *rheda* & de *carpentum*, qui défignoient à Rome deux fortes de voitures, il a manqué de fidélité ; le *calpe* des Grecs n'étoit que l'*arma* attelé de jumens ; & l'*apene*, le même *arma* attelé de mules. Il eft bien fingulier que le fçavant Amafée ne fçût ni les ufages des Grecs, ni la valeur de leurs expreffions.

front ,

front, ce qui devoit rendre ce char bien plus rapide & bien plus dangereux encore que les nôtres ; mais on ne s'en servoit que dans les jeux & dans les combats. Ainsi le luxe de la Grece ne pouvoit mutiler que des ennemis de l'Etat ou des athletes.

Au reste, dans la premiere époque de l'institution des chars, il n'étoit pas permis indifféremment à tout homme riche d'en user ; c'étoit un privilege réservé pour les Héros (1), les statues des dieux, & les femmes.

Un homme qui n'eût été que riche, n'auroit pu se faire traîner mollement sur un char conduit par un esclave ; Minos l'auroit chassé de Crete, Lycurgue de Sparte, & Solon d'Athènes : pour les autres villes de la Grece, il

---

(1) Voyez un hymne d'Homere cité par Pausanias dans son Voyage de l'Attique.

E

s'y feroit vu flétri & on sçait que dans tout bon Gouvernement on est encore plus sensible au mépris du citoyen qu'à la pourfuite de la loi

Dans la fuite la gymnaftique étant devenue une fource de gloire pour ces Républicains célebres, le nombre des athletes & des conducteurs des chars s'accrut avec la facilité d'obtenir des triomphes ; alors les Légiflateurs mirent par leurs ordonnances un frein à la fureur des fpectacles. Solon réforma dans Athenes la gymnaftique (1) ; les Rois d'Egypte firent encore plus, ils la défendirent à leurs fujets (2) ; & les chars qui devoient augmenter la pompe des jeux, ne fervirent plus qu'à traîner les pierres pour la conftruction des obélifques.

---

(1) *Voyez* Diog. Laër. *Vie de Solon.*
(2) Hift. univ. de Diod. de Sic. *Liv. I.*

Cependant la sage réforme des premiers Magistrats de la Grece, ne tomboit que sur les chars qui disputoient le prix dans les jeux. Il n'y avoit point de loi contre ce que nous appellons des équipages, parce que cette branche de luxe étoit inconnue. Les hommes ne parcouroient qu'à pied les rues de leur patrie ; & cet usage si conforme à la nature étoit le même dans toutes les villes de la Grece : il faut en excepter peut-être Sybaris ; mais le Philosophe sçait que Sybaris n'étoit habité que par des femmes.

## PARAGRAPHE IX.

### De l'Hypodrome d'Olympie.

Quoiqu'on ne connût que des chars d'Athletes, la vigilance des Archontes, des Ephores, &c. n'étoit point endormie sur cet objet de Police ; on prenoit toutes sortes de précautions pour que de frivoles spectacles ne coutassent pas la vie à des citoyens ; ainsi le stade destiné pour la course des gens de pied, étoit distingué de l'hypodrome réservé pour la course des chars & des chevaux, & il n'étoit permis à personne de s'exercer indifféremment dans les deux carrieres.

La barriere seule du célebre hypodrome d'Olympie avoit quatre cens pieds de long (1) ; de chaque côté

_______________

(1) Voyez la planche que l'Abbé Gedoyn

étoient des remifes où fe rangeoient les chars dans la place que le fort leur avoit affignée. Ils y demeuroient enfermés par des cables qui fermoient l'entrée des remifes, jufqu'à ce qu'un Dauphin s'abattant de deffus la porte de l'hypodrome, les cordes qui captivoient les chars s'abattoient auffi : alors tous fortoient en même tems, & alloient en deux files occuper la place qui leur étoit deftinée dans la carriere.

L'enceinte de l'hypodrome étoit fermée par un mur à hauteur d'appui, derriere lequel fe rangeoient les fpectateurs, & qui les empêchoit à la fois de trembler pour leur vie, & de troubler le fpectacle.

Homere qui eft encore un hiftorien utile

a fait graver de cet hypodrome, dans fa *Traduction de Paufanias.*

quand il n'eſt pas un poëte ſublime,
nous apprend auſſi qu'au-delà du terre-
plein qui environnoit la borne de l'hypodrome régnoit une tranchée d'une
pente douce (1) qui étoit en même

---

(1) « Ménélas, dit un Traducteur mo-
» derne, voulant éviter la rencontre des
» chars, ſuivoit un chemin étroit bordé
» d'une eſpece de ravine : Antiloque prend
» la même route, s'approche de Ménélas,
» & le pouſſe vers le précipice ; *Arrétez*, sé-
» crie le roi de Sparte, *votre fureur nous per-*
» *dra tous deux*. Antiloque ſourd à ſes cris,
» le preſſe avec plus d'ardeur encore, & le
» devance : car Ménélas craignant quelque
» déſaſtre, retient ſes courſiers ; cependant
» il s'emporte contre ſon adverſaire : *Va*,
» *jeune homme impétueux*, dit-il, *va*, *je révé-*
» *lerai ta fraude*, *& tu ne remporteras le*
» *prix que par un parjure*. Voyez Iliad. Liv.
» XXIII ».

Les plaintes de Ménélas ſur le crime d'Antiloque, prouvent encore la grande police

tems l'ouvrage du goût & de l'humanité. Cette espece de ravine devenoit
nécessaire dans le cas où un des chars
venoit à se briser contre la borne ; au-
trement cet accident auroit mis fin au
spectacle. Il falloit donc que les chars
qui suivoient descendissent dans le fossé,
& fissent autour de la borne un cercle
plus étendu, afin que les débris du
premier char ne les brissassent pas aussi
à leur tour. Cette institution de police
étoit encore dictée par la sensibilité : le
conducteur d'un char tomboit ordinairement avec lui ; mais si ses rivaux avoient
le droit de se précipiter sur lui, quelle pouvoit être sa ressource au milieu de ces dé-

---

que les directeurs des jeux faisoient observer
parmi les combattans : & en effet le hazard
occasionnoit assez de désastres dans les cour-
ses des chars, sans tolérer encore ceux qu'y
faisoient naître l'artifice ou la malignité.

E iv

bris de chars fracaſſés, de ces chevaux fougueux, & de ces athletes qui n'aſpi-roient pas à vivre, mais à vaincre? Il falloit donc forcer les combattans, dans un inſtant où la gloire ſeule fait enten-dre ſa voix, à ménager le ſang des hom-mes ; & cette inſtitution étoit digne de ces Grecs qui pour venger un ci-toyen écraſé ſous les ruines d'un monu-ment, firent le procès à la ſtatue pour laquelle on l'avoit érigé.

## PARAGRAPHE X.

### POLICE DE ROME SUR LES CHARS.

Les Romains, qui n'étoient destruc-teurs que sur le champ de bataille, eurent sur les chars une police peu dif-férente de celle des Grecs ; on ne s'en servoit sous la République que pour certaines cérémonies religieuses, pour les jeux du Cirque, & pour la pompe du triomphe ; encore dans le dernier cas, tout étoit pour la gloire & rien pour la mollesse : le char étoit doré, mais sans impériale & sans coussins ; le triomphateur y paroissoit de bout (1),

---

(1) Cet usage étoit si sacré, que l'Empe-reur Sévere, après sa victoire sur les Par-thes, n'osant l'enfreindre, refusa le triom-phe, parce qu'il avoit la goute. *Spartian. Vit. Sever.*

& il tenoit lui-même les rênes (1) des chevaux, des lions ou des éléphans qui y étoient attelés. Ce n'eſt pas-là tout-à-fait ces Vis-à-vis ſomptueux dont un éleve de l'Aretin a deſſiné les panneaux, & où une petite maîtreſſe nonchalamment étendue va promener de ſpectacle en ſpectacle ſa ſuffiſance & ſon inutilité.

Chez tous les peuples policés où les Légiſlateurs n'ont point confondu les fonctions des deux ſexes, on a accordé aux femmes des privileges deſtinés à les maintenir dans leur état de foibleſſe, & peut-être à les en conſoler. Ainſi Rome avoit permis à ſes citoyennes l'uſage des chars : les femmes des patriciens les avoient toutes adoptés; &

______

(1) *Quæ manus arantium boum juga nuper vexerant*, dit Valere Maxime, *triumphalis currus habenas retinuerunt.*

on ne voit dans l'histoire aucune exception sur ce sujet pour Lucrece, Arrie
& Eponine, ces femmes qui chez des
Républicains même valoient plus que
des hommes.

Le *carpentum* des Dames Romaines
étoit un char découvert, sans coussins &
sans ressorts, qui paroissoit plutôt un
meuble utile qu'un meuble de luxe. La
premiere époque que nous donne l'Histoire de cette invention, est flétrie par
un crime atroce. Tullia, femme de Tar-
quin, fit passer son *carpentum* sur le
corps sanglant & mutilé de son pere
qu'elle avoit fait assassiner ; cependant
quelque superstitieux que fussent alors
les Romains, ils ne se servirent point,
pour forcer leurs femmes à aller à pied,
de ce présage sinistre d'un parricide.

Vers le quatrieme siecle de la fonda-
tion de Rome, ses citoyennes acqui-
rent par un acte de générosité patrioti-

que, le droit de fe fervir d'un char couvert, connu fous le nom de *pilentum*. La République manquoit alors d'efpeces numéraires, & elles porterent au tréfor leur or & leurs bijoux ; plus fieres de fe parer de leur vertu, qu'elles ne l'étoient auparavant des riches bagatelles dont elles étoient chargées : les Magiftrats par reconnoiffance leur accorderent l'ufage du *pilentum* ; mais on voit affez que ce *pilentum* ne portoit que des héroïnes.

Le *carruca*, qui femble répondre à ce que nous nommons un caroffe, eft d'une date bien poftérieure au *pilentum* & au *carpentum* : car Pline eft le premier Auteur qui en faffe mention. Il paroît qu'on ne commença à s'en fervir que fous les Empereurs ; mais alors le luxe & les crimes de l'Italie commençoient à venger l'univers de fon efclavage : le caprice d'un defpote étoit la loi ; Rome exiſtoit encore, mais il n'y avoit plus de Romains.

Au reſte on peut obſerver que le *carruca* auſſi-bien que le *pilentum* & le *carpentum*, n'étoient point attelés de chevaux, mais de mules, ſorte d'animaux plus pacifiques & moins dangereux : auſſi ne voit-on pas, depuis l'aventure de Tullia, que les chars de Rome aient jamais cauſé aucun déſaſtre ; le *carpentum* d'une veſtale ne paſſoit ſur le corps d'aucun plébéyen, & le triomphe de Scipion ne couta pas même la vie à un eſclave.

## PARAGRAPHE XI.

### DES PROMENADES ROMAINES, ET DES COURSES DE CHARS.

CETTE attention des Romains à ne point employer un luxe meurtrier, se remarquoit jusques dans leurs promenades. Lorsque les richesses de l'Asie eurent énervé à la fois leur ame & leurs jambes, & que les patriciens commencerent à rougir d'être confondus avec les plébéyens dans le champ de Mars, ils se promenerent dans leurs chars (1), mais ce n'étoit point dans les rues de Rome ; ils pratiquoient pour cet effet

_____

(1) La promenade à pied se nommoit *ambulatio*, & la promenade en voiture *gestatio*. Celse , *Lib. II. cap. 14.* dit que la derniere n'est bonne qu'aux malades.

autour de leurs jardins de vaſtes portiques ornés de colonnes ſuperbes & des
ſtatues des Grands Hommes du premier âge de la République ( qui cependant ne s'étoient jamais promené qu'à
pied ). Leur luxe avoit un objet diffé-
rent du nôtre ; ils penſoient qu'il n'étoit
pas raiſonnable d'attendre le beau tems
pour prendre l'air, ni d'expoſer un équipage doré à la pluie, & à la boue ;
chez nous le faſte conſiſte à avoir des
chevaux rapides, & un cocher qui ſçait
écraſer les hommes.

Le courſes des chars n'étoient pas
non plus fatales aux citoyens, parce
que Rome avoit tiré de la Grece ſes inſtitutions ſur ces ſortes de ſpectacles ; il
paroît même que primitivement on
chercha peu à encourager ceux qui
procuroient ces plaiſirs tumultueux à la
multitude. Pline dit que les Magiſtrats
n'accordoient aux vainqueurs dans la

courſe des quadriges qu'un verre de jus d'abſinthe (1) ; il eſt vrai que dans la ſuite on mit une étrange diſproportion entre cette eſpece de mérite & ſa ré-compenſe : des athletes ſe virent hono-rés comme des Généraux d'armée : bientôt un conducteur de chars ne put être payé que par le Souverain ; à la fin les Céſars eux-mêmes deſcendirent dans la carriere, & alors le métier le plus noble après celui d'Empereur, fut celui de cocher.

Cependant malgré l'idée horrible que Tacite & Suétone nous donnent

---

(1) *Quadrigæ certant in Capitolio , victor-que abſynthium bibit , credo , ſanitatem præmio dari honorificè , arbitratis majoribus.* Plin. Lib. XXVII. c. 7. On regardoit alors le jus d'ab-ſynthe comme le ſymbole de la ſanté : ainſi on croyoit avoir aſſez récompenſé un athlete quand on lui avoit procuré le moyen de mé-riter de nouvelles récompenſes.

de

de la tyrannie de ces Princes : on auroit tort de conclure qu'un char conduit par l'Empereur, caufât plus de défaftre que celui qui étoit monté par un athlete ; Caligula, qui faifoit courir les Sénateurs à pied autour de fon char, ne s'avifa pas d'en faire paffer les roues fur leurs corps ; Néron même, tout Néron qu'il étoit, au milieu de Rome où il avoit mis le feu, n'ofa pas faire écrafer par fes chevaux les citoyens éperdus qui fe déroboient à l'embrafement.

## PARAGRAPHE XII.

### DES CHINOIS.

JE voudrois, mon ami, ne plus parler du défaftre du 30 Mai, ni raffembler dans les autres parties du monde des tableaux de ce genre capables de déchirer l'ame fenfible d'un patriote ; mais il y a à Paris des hommes durs & froids qu'on ne peut émouvoir, qu'en multipliant devant eux les grands traits de pathétique : ce font des moribonds qui ne s'agitent que fous le fcalpel qui les déchire.

Vous fçavez que les malheurs d'un peuple corrigent rarement les autres : il y a même une forte de fatalité attachée aux événemens funeftes, qui fait qu'ils n'arrivent jamais dans une feule contrée : tandis qu'au midi de l'Europe

se passoit le désastre qui vous a fait sou-
pirer, le contre-coup s'en faisoit sentir
aux extrémités de l'Asie ; pareil à ce
tremblement de terre dont le Portugal
gémit encore, & qui dans le même instant désoloit Cadix , anéantissoit Mé-
quinez, & renversoit Lisbonne.

J'apprens d'un de mes amis qui sou-
tient le commerce Européen à Macao ,
une tragédie sanglante qui vient de se
passer dans une ville de la Chine , &
qui a réveillé l'attention du Gouvernement sur le luxe destructeur des chars.
L'Empereur, qui n'est que le pere de
cent millions de Tartares ou de Chinois qu'il gouverne, a réuni le courage
& la prudence dans la réforme de cet
abus dangereux ; & les applaudisse-
mens de sa nombreuse famille lui ont
appris que le bonheur même des despotes consistoit à être bienfaisans.

F ij

Vous fçavez que ces Chinois, que nous avons d'abord méconnus, & que nous avons enfuite calomniés, cultivent les arts de tems immémorial ; leurs connoiffances font prefque auffi anciennes que leur origine ; leurs Géometres avoient écrit fur les propriétés du triangle rectangle avant Pythagore : Confucius avoit calculé trente-fix éclipfes de foleil, lorfque l'Europe entiere étoit encore barbare ; ces Afiatiques imprimoient d'excellens ouvrages, tandis que nous ne fçavions encore ni lire ni écrire.

Parmi les arts que la Chine revendique fur notre orgueilleufe ignorance, il faut mettre l'invention de la poudre : il eft vrai que fon peuple, humain par fyftême & par caractere, n'en faifoit point un ufage deftructeur, il réfervoit fa propriété d'agiter l'air, & fes grands effets de lumiere pour le spectacle des yeux ; il étoit sans artillerie, & n'avoit que des feux d'artifice (1).

Cependant les fêtes pour l'élection

----

(1) Encore ces feux d'artifice font-ils pacifiques, comme le caractere de la Nation : on y fait peu d'usage de ces boëtes qui éclatent avec peine pour les oreilles, sans procurer de plaisir aux yeux : leurs feux présentent des spectacles charmans qu'ils diversifient à l'infini, & où ils peignent au naturel un grand nombre d'objets : on y voit, disent les Missionnaires de la Chine, des vaisseaux avec leurs voiles & leurs agrêts voguant sur une mer de feu : quelquefois on y dessine des arbres entiers, couverts de feuilles & de fruits, ou une vigne chargée de raisins, qui se consume lentement : on y distingue nettement le sep, les branches, les feuilles & les raisins : tout y est représenté non-seulement par les figures, mais même par les couleurs, & l'illusion est si grande qu'elle paroît la même pour le peuple & pour le décorateur.

F iij

d'un nouveau Mandarin ayant raſſem-
blé un million d'hommes dans une ville
de Province, le hazard rendit deſtruc-
teurs juſqu'à ces feux d'artifice. Une partie de l'amphithéatre ſur lequel la Cour
du Gouverneur étoit aſſiſe, ayant tout-
à-coup menacé de s'écrouler, le peuple
qui l'environnoit ſe ſauva en tumulte,
l'effroi ſe communiqua aux artificiers
qui mirent le feu à la charpente de leur
édifice; enfin des Européens qui avoient
amené leurs voitures à roues à ce ſpectacle, craignant d'être enveloppés dans
le déſaſtre, firent reculer leurs chevaux
ſur des Chinois qu'ils écraſerent. Dans
cette allarme univerſelle la vigilance
du Mandarin fut inutile, la multitude
preſſée entre un amphithéatre dont les
colonnes alloient ſe renverſer, un édifice dévoré par les flammes, & des
chevaux qui tuoient & mutiloient tout
ce qui étoit autour d'eux, ne penſa qu'à

se resserrer encore plus vers le centre de la place : le mal fut alors à son comble , & quand la terreur panique se dissipant, permit au peuple de défiler , on vit avec horreur dix ouvriers brûlés avec le magasin de l'artifice , trente hommes écrasés sous les roues des voitures, & près de cent étouffés par la crainte des flammes ou des chevaux.

Ce désastre fut annoncé dès le lendemain avec toutes ses circonstances dans la Gazette de l'Empire ; le Souverain assembla les principaux Mandarins, & de leur avis , rendit une Ordonnance dont voici les principaux articles.

1°. Tout Mandarin que j'ai établi pour gouverner les peuples de mes Provinces , répondra des désastres qui arriveront dans les spectacles de sa capitale. Si sa négligence cause un grand désastre, il sera puni de mort; s'il est innocent, il sera cassé encore comme un

Miniſtre malheureux & que le Ciel a rejetté.

2°. Tout Architecte qui ſe chargera de conſtruire un amphithéatre pour un ſpectacle, répondra de ſa ſolidité ſur ſa tête.

3°. Tout homme, ſoit ſujet, ſoit étranger, qui amenera des voitures à roues ou des chevaux, dans une place où le peuple ſera aſſemblé pour un ſpectacle, ſera condamné à trois ans de priſon; & s'il tue un homme, on lui tranchera la tête (1).

4°. Afin de donner à nos peuples

------

(1) On étrangle auſſi à la Chine, mais ce ſupplice n'y paſſe pas pour aſſez infamant; il n'en eſt pas de même de celui d'avoir la tête tranchée. On penſe dans preſque toute l'Aſie, que le dernier des opprobres eſt de ne pas conſerver en mourant ſon corps auſſi entier qu'on l'a reçu de la nature.

une preuve toujours ſubſiſtante de ma douleur pour tant de ſang que des fêtes frivoles ont fait verſer, je défens qu'à l'avenir, ſous quelque prétexte que ce ſoit, il y ait des feux d'artifice dans la ville où le dernier déſaſtre eſt arrivé ; je défends même qu'on y célebre la fête des lanternes (1). Je veux conſigner

---

(1) Cette fête la plus célebre de la Chine, tire ſon nom de la multitude de lanternes dont la ville eſt illuminée. Quelques-unes, dit le P. le Comte, *Tom. I. p. 275*, coûtent juſqu'à deux mille écus : il y a tel Seigneur qui eſt avare toute l'année, pour être ce jour-là magnifique en lanternes : on en voit qui ont vingt-cinq à trente pieds de diametre, & trois ou quatre d'entre elles, feroient des appartemens raiſonnables ; ainſi l'on peut manger, coucher, & danſer des ballets dans ces lanternes.

Il y en a d'autres qui ſervent à donner des ſpectacles au peuple : on y repréſente des

à la derniere poſtérité avec le ſouvenir du malheur, celui des précautions que j'ai priſes pour le prévenir.

5°. Tous les malheureux que cet événement funeſte a privés d'un pere, d'une épouſe, ou d'un fils, ſeront dédommagés, autant qu'il ſera poſſible, par le Gouverneur de la Province, & mon tréſor Impérial ſuppléera à la médiocrité de celui du Mandarin.

Dans toute l'étendue de l'Empire on applaudit à la ſageſſe qui avoit dicté cette Ordonnance. Les Européens murmurerent d'abord, mais on n'eut pas de

cavalcades, des vaiſſeaux à la voile, des armées en marche, & des Rois avec leur cortege : quelques-unes portent un dragon illuminé de ſoixante ou quatre-vingts pieds de long, qui s'agite & ſe replie comme un ſerpent. Tous ces ſpectacles ſe varient à l'infini, & ne coutent au peuple ni ſon ſang ni même ſon argent.

peine enfuite à leur perfuader que le Souverain étoit jufte fans être cruel ; qu'il ne falloit pas immoler la tranquillité des Sujets à la vanité des Etrangers; & qu'un citoyen étoit toujours plus utile à l'Etat que des chars & des feux d'artifice.

Plus j'étudie le Gouvernement Chinois, plus je fuis frappé de la fimplicité de cette machine politique , & de la facilité avec laquelle le Souverain en fait mouvoir tous les rouages; la police fur-tout s'obferve dans ce vafte Empire, où il y a deux cens millions d'habitans, avec moins d'embarras encore que dans ces déferts de l'Afrique qu'on ne parcourt qu'en caravanne , & où il y a neuf mois de l'année plus de tigres & de pantheres que d'hommes.

Les Hiftoriens les moins fufpects comptent cinq millions d'ames feulement dans Pekin (1), & on ne peut fe figurer les défordres que cauferoit dans les rues cette foule immenfe, fi la loi ne veilloit fans ceffe à la fûreté du peuple, & le Prince au maintien de la loi. Les voyageurs font tous des tableaux finguliers du mal néceffaire & du remede; d'abord on voit entrer tous les jours un nombre prodigieux de payfans pour le commerce des denrées, & cette affluence multiplie les chariots, les bêtes de charge, les chameaux & leurs conduc-

----

(1) Le calcul de Pinto eft bien plus extraordinaire : auffi ce voyageur romancier donnoit-il à la ville Impériale trente lieues de circonférence & trois cens foixante portes. *Voy. Voyages avantureux de Fernand Mendez Pinto, pag.* 493. Pinto avoit voulu renchérir fur la Thebes aux cent portes, mais le conte d'Hérodote n'a pas rendu celui du Portugais vraifemblable.

teurs. Le moindre charlatan a toujours auprès de lui trois ou quatre cens spectateurs qui viennent partager son oisiveté. De plus les artisans dans la Chine ne font point dans l'usage de travailler chez eux, ils courent sans cesse avec les instrumens de leur art, pour chercher à s'occuper ; les barbiers se promenent dans les rues un fauteuil sur leurs épaules & un bassin à la main ; le menuisier se charge de ses outils, & le forgeron porte jusqu'à son enclume & ses fourneaux. Enfin l'étiquette veut que les personnes riches ne sortent qu'avec un nombreux cortege de domestiques ; les Mandarins avec les Officiers qui composent leurs tribunaux, & les Princes du Sang avec une escorte de cavalerie (1). Malgré tant de motifs pour être

______

(1) Observez que chaque Prince est obligé tous les matins de se rendre au Palais Im-

barbare, & tant de facilité pour l'être impunément, il eſt très-rare qu'à la Chine les roues des voitures & les pieds des chevaux ſoient teints du ſang des hommes.

La police s'obſerve parmi le peuple conquérant comme parmi le peuple ſubjugué, & un Chinois comme un Tartare s'endort d'un ſommeil paiſible, parce qu'il ſait que ſes Magiſtrats veillent à ſa ſûreté. Pekin eſt partagé en un nombre infini de quartiers, ſoumis à des Inſpecteurs qui tous les jours rendent compte au Gouverneur. Les maiſons du même quartier doivent ſe défendre & ſe garder mutuellement; s'il s'y commettoit un vol ou un aſſaſſinat,

---

périal, & qu'en 1730 on en comptoit déja plus de deux mille vivans, quoiqu'il y eût à peine quatre-vingt-dix ans que la famille regnante fût ſur le trône.

toutes en feroient refponfables : ainfi la raifon, l'humanité, & l'intérêt plus fort encore que tous ces motifs, concourent à prévenir les crimes ; & dans toute bonne légiflation les crimes fe préviennent & ne fe puniffent pas.

La nuit dans la Capitale n'eft pas diftinguée pour le repos des citoyens du plus beau jour ; toutes les grandes rues font tirées au cordeau d'une porte à l'autre ; pour les petites, elles ont des portes faites de treillis, qui n'empêchent pas de voir ce qui s'y paffe, & vis-à-vis d'elles il y a des corps-de-garde qui veillent également fur les unes & fur les autres, & maintiennent l'ordre, la tranquillité, & même le filence.

Il y a une police particuliere fur les chars & les chevaux : d'abord les Chinois ne font prefque point d'ufage de

voitures à roues (1) ; & quand quelques Mandarins ont adopté ce luxe des
Européens, on les a forcés de se faire
précéder d'un cavalier qui écartât la
foule, & prévînt les assassinats; de plus
les mœurs plus fortes que les loix, ont
établi une sorte d'infamie à sortir pendant la nuit : ainsi bien loin de trouver
alors dans la vaste solitude de la capitale des chars & des chevaux, on n'y
rencontre pas même des hommes.

Si l'immense population de la Chine
n'y cause aucun désordre; si les voitures n'y sont pas meurtrieres, & si le
luxe n'y est pas destructeur, je l'attribue particuliérement au caractere de
son peuple, à son humanité naturelle,
& à ses mœurs douces qui ont prévenu
les institutions des législateurs.

------

(1) Mêlanges de Surgy, *Tom. IV. p. 178.*

**Le**

Le Chinois est né grave , & le fleg-
me de son esprit a passé dans sa démar-
che ; il parle, écrit & voyage avec
poids & mesure : il est aussi difficile de
lui voir des voitures rapides que de l'entendre parler par épigrammes.

La décence publique empêche les
femmes Chinoises non-seulement de paroître en voiture dans les rues , mais
même de s'y montrer. Il n'en est pas
ainsi dans nos capitales de l'Europe, où
les femmes entraînées impétueusement
vers ce qu'elles appellent le plaisir, vou-
droient anéantir l'espace qui les en sépare, & ordonnent à leurs cochers de
crever leurs chevaux , dussent-ils en
même temps écraser beaucoup d'hommes.

Je ne sçai si la philosophie de Confucius, en ramenant la Chine presqu'à
l'égalité naturelle , n'a pas contribué
encore à y rendre sacré le sang des

hommes : *Prince, difoit à l'Empereur
ce fage fi juftement célebre, qu'importe
à vos Etats le fafte de vos courtifans? Un
feigneur qui n'a d'autres titres que fa naiffance eft un fardeau pour la patrie : quand
le corps de la Nobleffe ne fournit pas de
grands hommes à l'Etat, il faut prendre
les grands hommes qui fe trouvent parmi
le peuple, & en former le corps de la Nobleffe.*

Rien ne contribue plus à retenir dans
le devoir les riches qui feroient tentés
d'abufer de leur opulence, rien n'eft
plus propre à prévenir les grands crimes & les grands défaftres, que l'établif-
fement de la Gazette Impériale de Pékin. On y lit les noms des Mandarins
deftitués, & les motifs de leur difgrace;
on y rapporte les fentences des Tribunaux; les calamités des Provinces, avec
la maniere dont les Gouverneurs les
ont réparées; l'extrait des dépenfes ex-

traordinaires du Souverain, & les termes mêmes des remontrances les plus hardies que les Tribunaux supérieurs lui ont adressées (1). La vérité dans cet Empire singulier, semble ne blesser personne, pas même le despote.

Voilà une partie des motifs qui ont engagé quelques politiques à regarder la Chine comme le chef-d'œuvre des Gouvernemens. Cependant il ne faudroit pas juger cet Empire par l'enthousiasme de ses admirateurs ; malgré Fréret, les Jésuites & les Philosophes, il est certain que nous sommes encore assez peu instruits de ses mœurs, de ses usages & de ses loix : la Chine est un peu pour nous ce dieu inconnu auquel Athènes érigeoit des autels.

_______________

(1) Voyez ce qu'en dit le P. Contancin. *Lettr. édifiant. Tom. XIX. p.* 265.

## PARAGRAPHE XIII.

### Coup d'œil sur l'Univers.

Ce que je dis de Rome, de la Grece, & de la Chine, doit s'entendre encore d'une foule de peuples de l'antiquité éclairés quelque tems par les Arts, mais qui ont acquis moins de droit à la célébrité : au reste parcourez sans préjugé les annales de l'Univers, vous verrez que sur la moitié du globe on ne s'est jamais promené qu'à pied, dans la plus grande partie du reste on se fait porter par des esclaves. Il n'y a qu'un dixieme de la terre, où de tems immémorial on se fait traîner par des chevaux ; encore les Anciens prenoient-ils de sages précautions, soit contre ces animaux dangereux, soit contre leurs maîtres ; ainsi les machines meurtrieres qu'on appelle

des caroſſes, ſont proprement une découverte des Modernes : elles ſont du
tems où on a inventé la poudre, & où
on a découvert le germe des maladies
vénériennes.

## PARAGRAPHE XIV.

### OBJECTION D'UN HOMME DE BIEN QUI AVOIT UN CAROSSE.

JE lisois un jour cette lettre dans un cercle ; un homme de bien, mais qui avoit un carosse, m'interrompit ici. « Je
» vois, dit-il, où nous conduit le fil de
» vos raisonnemens, vous voulez anéan-
» tir nos équipages ; mais c'est un rêve
» digne de l'Abbé de Saint-Pierre, &
» qu'il faut mettre au rang de sa Diete
» Européenne : croyez-moi, mon cher
» Brutus, la politique du monde n'est
» pas celle du cabinet ; la grande ma-
» chine des Etats ne roule pas sur le
» pivot de la morale ; & quelque utile
» que soit la philosophie aux individus,
» l'espece humaine ne se gouverne pas
» par des paragraphes. Au reste, il n'y
» a plus qu'un Sophiste qui se permette

» de se déchaîner contre nos brillantes
» superfluités ; c'est un axiome reçu en
» politique, que le luxe qui perd un
» petit Etat, enrichit un grand Empire:
» eh pourquoi détruire d'un coup de
« baguette l'enchantement où nous vi-
» vons ? Les François sont si bien tels
» qu'ils sont, pourquoi en faire des
» Spartiates » ?

## PARAGRAPHE XV.

### POURQUOI IL NE FAUT PAS FAIRE DU PARISIEN UN SPARTIATE.

MONSIEUR le riche, permettez moi de répondre par des raisons à vos épigrammes.

Je ne prétends point métamorphoser les Parisiens en Spartiates : mais c'est par des motifs bien différens des vôtres. Les institutions de Licurgue ont été trop admirées par les Philosophes : elles formoient des hommes extraordinaires ; mais un homme extraordinaire est rarement l'homme de la nature.

La police peut très-bien être observée dans une ville, sans que le Législateur défende aux habitans de mettre des serrures à leurs portes (1) ; sans

(1) Plutarch. *Vit. Lycurg.*

qu'il puniffe un citoyen d'avoir trop
d'embonpoint (1) ; fans qu'il interdife
à tout pere de famille de fe retirer le
foir avec des lanternes (2).

On peut être un très-bon citoyen ,
& fe faire rafer de tems en tems (3) ,
& manger d'autres ragoûts que la fauffe
noire (4) , & aller quelquefois au théatre de la Nation admirer les chefs-
d'œuvre dramatiques des Sophocle &
des Euripide (5).

On peut établir de bonnes loix dans
un Etat, fans violer les mœurs publiques , fans faire danfer aux yeux d'une
Nation les jeunes perfonnes des deux

---

(1) Ælian. *var. Hift. Lib. XIV.*
(2) Plutarch. *Vit. Lycurg.*
(3) Meurf. Mifcellan. Lacon. *Lib. I.*
(4) Cicer. Tufculan. *Lib. V.*
(5) Plutarch. *Inftit. Lacon.*

fexes toutes nues (1), fans obliger un citoyen à prêter fa femme à fes amis. (2).

Enfin un Souverain peut former des héros fans les empêcher d'être hommes : il n'eft pas néceffaire qu'il rende des Ordonnances pour engager les maîtres à fe jouer de la vie de leurs efclaves (3), pour faire déchirer tous les ans à

---

(1) Ariftot. *de Republ. Lib. II.*
(2) Xenoph. *de Republ. Lacon.*
(1) Les Ilotes étoient pour les Spartiates ce que font pour les Européens les negres des fucreries : quelquefois on les enyvroit pour apprendre aux citoyens à être fobres : leurs maîtres toutes les années les fouet-toient jufqu'au fang, dans la vûe feulement de les empêcher d'oublier qu'ils étoient ef-claves : fi quelqu'un d'entre ces malheureux fe faifoit diftinguer par la vigueur de fon corps ou par la beauté de fa taille, on le met-

coups de verges fur un autel la jeuneffe des deux fexes (1), pour con-
damner tous les enfans d'une foible
conftitution à être précipités dans une
fondriere du mont Taygete (2).

---

toit à mort fans autre forme de procès, pour
le punir d'avoir eu quelque chofe de commun avec un Spartiate. *Plutarch. Vit. Lycurg. Athen. Lib. VI. &c.*

(1) *Paufanias, Lib. III.* Toute la famille
des victimes affiftoit à ce fupplice, & perfonne n'étoit affez lâche pour s'attendrir : il
eft vrai que Lycurgue avoit pris de bonnes
mefures pour affoiblir dans fa république la
tendreffe paternelle : un citoyen qui prête fa
femme à tout le monde, eft-il cenfé avoir
des enfans ?

(2) Il eft probable cependant que la famille des Rois n'étoit pas foumife à cette loi
abfurde & barbare : Agéfilas, plus connu par
le pinceau de Plutarque que par la plume de
Corneille, étoit petit, boiteux & cacochy-
me ; ce qui ne l'empêcha pas de vaincre la

Lycurgue ne vouloit inftituer qu'un corps de guerriers, & toute fa politique roule en effet fur cet unique pivot ; il fut conféquent fans doute, mais fon code n'en eft pas moins atroce. Qu'importe au genre humain que fes Légiflateurs fçachent faire des fyllogifmes ? Eft-ce à des fophiftes à gouverner les hommes? Lycurgue devoir moins s'appliquer à agir conféquemment à fes principes, qu'à voir fi fes principes s'accordoient avec la morale éternelle ; il ne devoit pas faire des loix pour former des foldats, mais voir d'abord fi l'état de fol-

---

Perfe, de fe rendre maître de Corynthe, & de devenir l'arbitre de la Grece. Ce trait frappant ne caufa aucune révolution dans les loix de Lycurgue, & les Spartiates continuerent à être parricides, malgré l'exemple d'Agéfilas, les reproches de la terre, & les cris de la nature.

dat n'eſt pas un état contre nature.

D'un autre côté ce n'eſt point aux ſybarites de nos villes à faire des ſatyres contre l'ame vigoureuſe de Lycurgue : le genre humain doit toujours ſçavoir gré à ce Légiſlateur d'avoir éloigné de ſa République le poiſon lent du luxe, d'avoir donné un caractere à ſes concitoyens ; & malgré la pente qui l'entraînoit à la férocité, d'avoir banni de Sparte ces chars meurtriers que le riche n'achete qu'au prix du ſang des hommes.

Je ne dirai donc point à un peuple moderne : prenez les inſtitutions des Spartiates ; mais plutôt, prenez leur ame, & quand vous l'aurez, vous corrigerez vos inſtitutions.

## PARAGRAPHE XVI.

### PENSÉES SUR LE LUXE.

IL s'agissoit de répondre sur le luxe à mon homme de bien *qui avoit un carosse*, & quelques jours après je lui envoyai un manuscrit où j'avois jetté ces pensées.

### I.

ON a dit à quelques *hommes d'état*, que le luxe ne devoit pas se définir ; que c'étoit un être métaphysique qui étoit par-tout, ou nulle part. Je dirai à quelques *hommes de bien*, que le luxe est le défaut d'équilibre entre les richesses & les besoins, qu'il n'est pas plus un être métaphysique que la peste & la cangrene, & qu'il n'existe gueres dans un empire que quand il est sur le point de se dissoudre.

## I I.

COMMENT le luxe peut-il faire la grandeur d'un Etat ? Il appauvrit tout le monde en étendant le cercle des befoins ; de plus il fubftitue à l'union naturelle des citoyens une union de fantaifie, il rend oifif & fait qu'on ne voit que foi dans un Etat. Trois grands crimes contre la fociété.

## I I I.

LE luxe affoiblit l'efprit national, & affaiffe l'ame de ceux qui devroient devenir de grands hommes : de-là l'efprit prend la place du génie & la froide décence celle de la vertu.

## I V.

ON prétend que le luxe adoucit les mœurs : cependant un luxe effréné regne au Japon, & les mœurs y font toujours atroces. Dans d'autres Etats il prévient les crimes qui tiennent à la barbarie, mais il flétrit le germe de grandes vertus : là vous ne verrez ni Saint-Barthelemi, ni Vêpres Siciliennes ; mais aussi vous n'y trouverez point les ames fublimes des Caton & des Sulli.

## V.

Un grand tort que le luxe fait à la fociété, c'eft qu'il apprend à ne juger de fes membres que par la confommation qu'ils produifent dans l'Etat : fuivant ce calcul abfurde, une actrice de l'Opéra, qui dépenfe tous les ans trente mille francs, eft plus précieufe à l'Etat que vingt-neuf citoyens honnêtes qui gagnent chacun cent piftoles à défendre la patrie ou à éclairer l'Europe.

V I.

## V I.

IL y auroit à faire fur le luxe un calcul bien plus utile au genre humain : il
eſt beau fans doute, qu'une femme chargée de diamans, nonchalamment étendue dans un cabinet orné de glaces,
s'enyvre de l'encens des hommes oififs
qui la perfifflent : mais combien de fang
humain a fait répandre cet inſtant de
jouiſſance ? cet édifice fuperbe a peut-
être coûté la vie à vingt ouvriers : les
diamans qui forment ces girandoles,
ne font venus de Golconde qu'avec dix
vaiſſeaux qui ont fait naufrage ; le feul
mercure qui tapiſſe le derriere de ces
trumeaux, a fait périr vingt efclaves
dans les mines, ou les a rendus paraly-
tiques à la fleur de leur âge..... Voilà
la vraie maniere de juger le luxe, & non
par la pompe ſtérile qui le décore : mais
les hommes voudront toujours voir le

H

ſpectacle du parterre, & non du côté des machines.

## VII.

LE Financier dit : le luxe eſt bon parce qu'il fait vivre les pauvres ; le Philoſophe répond : qu'on ôte le luxe, & il n'y aura plus de pauvres.

## VIII.

LE luxe eſt peut-être le plus grand fléau de la population ; il rend ſtérile cette foule de laquais qui ſervent non au beſoin, mais à la repréſentation : il tue les générations futures dans les maîtres qui cherchent non à ſe marier, mais à jouir, & qui meurent dans une vieilleſſe prématurée, avant d'avoir payé le tribut que chacun doit à la ſociété.

## IX.

LE luxe fait pendant quelque tems la

pompe d'un Etat ; mais c'eſt un feu qui
ne brille qu'aux dépens de la ſubſtance
qu'il dévore : je comparerois volontiers
le luxe à cet anarcade des Orientaux,
qui donne de l'eſprit un moment à ceux
qui s'en nourriſſent, mais pour les rendre ſtupides tout le reſte de la vie.

## X.

S'ENSUIT-IL que dans tout bon Gouvernement, il faut ramener les hommes à l'égalité primitive ? Non, quand
même la République de Platon ſeroit
poſſible, les biens qu'elle feroit naître
ſeroient trop achetés par les maux de la
révolution. Il ne s'agit point ici de donner des ſecouſſes violentes à un Etat pour
réformer un abus, & de deſirer un tremblement de terre pour renverſer une
cabanne. Légiſlateurs, ne détruiſez
point entiérement le luxe, mais ſçachez
le diriger : faites qu'un citoyen opulent

aime mieux conſtruire un édifice public, qu'une petite maiſon ; qu'il ait moins de valets, & plus de fermiers ; que ſes bœufs tracent des ſillons dans les terres, & qu'à Paris ſes chevaux n'écraſent pas les hommes.

## PARAGRAPHE XVII.

### DES VOITURES PACIFIQUES.

IL faut en venir enfin à l'article qui offense le plus notre homme de bien *qui a un carosse.* Un Seigneur qui a un habit brodé, un gros diamant à son jabot & des talons rouges, doit-il aller à pied ? Une femme de qualité avec son rouge, son pannier, & sa gorge à demi-nue, doit-elle traverser les rues de Paris de la même façon que son laquais & sa marchande de modes ? ou enfin est-il vrai qu'un carosse n'est pas plus essentiel à la machine politique, que ces quarante Fermiers Généraux, que le cardinal de Fleury appelloit les quarante colonnes de la Monarchie ?

Qu'on me permette d'exposer quelques réflexions que le peuple pourra goûter, & qui peut-être n'effarouche-

H iij

ront pas les gens du monde contre les Philosophes.

Puisque dans une grande ville il est indécent qu'un honnête homme aille à pied, ne pourroit-on pas ménager à la fois les jambes de cet honnête homme & le sang du peuple ? Il suffiroit pour cela de changer sa voiture, & de substituer des bâtons à des roues, & des hommes à des chevaux.

L'espece de voiture que les sçavans nomment une litiere, est connue dans la plus haute antiquité. Les Macédoniens s'en servoient aussi bien que les Parthes, & c'est par eux qu'elle fut connue des Syriens & des peuples de la Bythinie & de la Cappadoce (1); on la trouve en usage chez les riches négocians de Tyr, chez les satrapes d'Ecba-

_________________

(1) Pitiscus, Lexicon antiquitatum Romanarum. Artic. *Lectica.*

tane., & fur-tout chez les feigneurs de Babylone (1). La Grece l'emprunta probablement de la Perfe, & fûrement l'Italie l'emprunta de la Grece. La litiere à Rome, forma long-tems l'unique équipage des Sénateurs, des Pontifes & des Magiftrats (2). On alloit en litiere à la campagne, au Capitole, & au champ de Mars, & Cicéron fe promenoit en litiere quand Popilius vint l'affaffiner.

Il n'y a pas loin de l'ancienne Rome à la moderne Venife, puifque les Républicains foumis aux Doges, fe croyent iffus des Républicains foumis aux Con-

---

(1) Herod. *Lib. I. n°* 199.

(2) La litiere avoit ordinairement quatre porteurs : quand elle en avoit fix, on la nommoit *hexaphorum* ; & quand on en mettoit huit, *octophorum.* Les lecticaires formoient un corps particulier, & fe tenoient tous dans un feul quartier de Rome ; fous Théodofe on en comptoit onze mille à Conftantinople.

ſuls : or les Vénitiens ſemblent avoir
hérité de l'humanité Romaine par rap-
port à leurs voitures : ils ne ſe ſervent jamais de chevaux, & comme les litieres
ſeroient impraticables dans cette ville
ſinguliere dont toutes les rues ſont en-
trecoupées de canaux, & qui ne ſemble
habitée que par des amphybies, ils leur
ont ſubſtitué des gondoles qui ne ſont
pas moins rapides que nos caroſſes,
ſans être auſſi bruyantes & auſſi meurtrieres.

Le Balon de Siam paroît une eſpece
de gondole : c'eſt une barque qui n'a
d'ordinaire que ſix pieds de large & ſou-
vent cent vingt de long, au centre de
laquelle s'éleve une eſtrade ſurmontée
d'une Impériale, verniſſée avec élégance : ce balon eſt quelquefois garni
de cent hommes d'équipage, qui ma-
nœuvrent en cadence ; lorſque c'eſt une
dame de qualité qui le monte, des fem-

mes à demi nues occupent les bancs des rameurs (1), ce qui ramene en partie dans l'Inde le ſpectacle de cette célebre Thalamegue où Cléopatre couchée ſur un lit d'or, & n'ayant pour équipage que des filles déguiſées en amours, vint ſubjuguer le cœur d'Antoine, afin de donner des loix à la moitié de l'Univers (2).

Cléopatre m'amene en Egypte : on

---

(1) Voyez l'ouvrage de la Loubere intitulé *du Royaume de Siam*, Tom. I.

(1) Notre goût petit & énervé a peine à concevoir la magnificence de cette fameuſe galere dont les voiles étoient de pourpre, les rames d'argent, & la pouppe couverte de brocards d'or : Cléopatre y paroiſſoit repréſentant Venus endormie ; elle ſe réveilla bientôt pour captiver Antoine, & le Triumvir s'endormit à ſon tour dans ſes bras ; foibleſſe qui valut à Auguſte l'Empire du Monde.

doit à une superstition de ses habitans
le peu d'usage qu'on y fait des chevaux ; une ancienne prédiction d'une
sybille Musulmane porte que le Caire
sera pris un jour par une femme à cheval ; depuis ce tems-là on fait un crime
d'Etat à l'Egyptienne la plus qualifiée
d'avoir d'autre monture que celle des
ânes (1), la tranquillité publique gagne
à ce préjugé, sans que la mollesse des
femmes y perde rien.

En parcourant l'Orient, je retrouve
chez le peuple le plus policé de l'Asie
les usages de Tyr, de Babylone & de
Rome : les Mandarins & les femmes
de distinction qui ne vont pas à pied à la
Chine, ne se servent que de litieres (2).

_________________________________

(1) Voyage de Tournefort, *Tom. I.*

(2) Gemelli Carreri, historien véridique,
quoique voyageur, parle ainsi de ces litieres.
« Les chaises des Chinois sont fort légeres ;

Les voitures à roues font à peine tolé-
rées dans cet Empire , à caufe de l'immenfe population de fes villes ,  où ces
machines meurtrieres cauferoient les
plus grands défaftres.  Le luxe le plus

---

» elles font faites de cannes de bambou , ainfi
» que les bâtons qui fervent à les porter. Il
» eft difficile de croire avec quelle vîteffe
» ces porteurs alloient fans fe repofer que
» trois fois dans une journée de trente milles.
» Ils faifoient au moins cinq milles par jour,
» toujours au trot. Ils ne fe fervent pas néan-
» moins de bricoles , mais d'un morceau de
» bois qui leur entoure le cou, & qui porte
» fur les deux épaules. Ce chemin étoit
» comme une foire continuelle à caufe du
» grand nombre de marchandifes que l'on
» tranfportoit : les hommes font comme
» des bêtes de charge , & je puis dire que
» dans cette journée j'en rencontrai plus de
» trente mille ». *Voyez Mélanges de Surgy ,
Tom. IV. p. 178.* Obfervez que ces trente
mille bêtes de charge ne tuoient perfonne.

violent regne cependant à la Chine, mais il y fait peu de mal, parce qu'il n'eſt jamais ſi fort que la loi.

Le Norimon du Japon eſt encore une eſpece de litiere : c'eſt une longue boëte fermée de toute part par un treillis de bambou proprement verniſſé : les loix ont réglé le nombre des porteurs, la façon de tenir le norimon, & juſqu'à la longueur des bâtons qui le ſoutiennent ; le tout ſuivant la qualité des perſonnes qui y ſont renfermées (1). Il eſt vrai que ce réglement ne concerne pas les femmes : car au Japon comme en Europe on regarde toute déférence pour le ſexe comme une choſe ſans conſéquence.

En général dans preſque toutes les Indes, on ne ſe ſert d'autres voitures

______

(1) Voyage au Japon de Kaempfer. *Liv. IV.*

que de Palanquins : forte de litiere tantôt couverte, tantôt découverte, & portée par quatre ou huit hommes ; le luxe confifte alors à être environné d'un nombreux cortége d'efclaves, dont l'un porte un éventail, un autre un parafol, un troifieme les pantoufles de fa maîtreffe, &c. ce qui repréfente affez bien les laquais de nos Européennes, dont l'un porte le fac à ouvrage d'une femme qui ne fait point d'ouvrages ; un autre tient la queue d'une bourgeoife qui ne peut avoir de queue, &c.

L'ufage indécent, mais peu funefte de faire fervir les hommes de bêtes de charge avoit pénétré jufques dans le Nouveau Monde avant l'invafion des Européens : la taille haute & dégagée des Américains & leur vigueur, tant que nous leur avons été inconnus, firent naître fans doute l'idée de ce luxe : on

à observé cependant que ces hommes
singuliers étoient plus propres à faire
des tours de force, qu'à supporter des
travaux serviles qui tendroient à les
épuiser; leurs despotes devoient les con-
sidérer comme des animaux de proie
plutôt que comme des bêtes de somme....
Je me trompe; avant Pizarre & Cortez
il n'y avoit point d'animaux de proie
au Nouveau Monde.

Au centre de l'Afrique, on ne connoît aucune espece de voiture, les Negres de distinction vont se faire visite
escortés de trois esclaves, dont l'un
porte un siege, le second un sabre, &
le dernier un parasol. Les Rois eux-
mêmes disent aux Européens, que la nature ne leur a donné des jambes que
pour en faire usage, & ils ne se font
point scrupule d'aller en personne au
marché faire emplette de tabac ou de

vin de palmier (1). C'eſt peut-être par-ce que les Negres raiſonnent ſi mal, que les Logiciens de l'Europe ſe ſont réunis pour les faire eſclaves.

Les peuples éclairés qui n'ont point attelé les hommes à leurs voitures, les ont fait traîner du moins par des animaux pacifiques : tels ſont les ânes de l'Egypte, tel eſt ſur-tout le chameau de l'Arabie heureuſe, quadrupede qui tient lieu à quelques peuples d'Aſie de tous les animaux domeſtiques de l'Europe (1).

---

(1) Voyez le nouveau Voyage de Guinée, de Smith. *p. 187.*

(1) « L'or & la ſoie, dit le Pline moder-
» ne, ne ſont point les vraies richeſſes de
» l'Orient : c'eſt le chameau qui eſt le tréſor
» de l'Aſie. Il vaut mieux que l'éléphant, car
» il travaille preſque autant & dépenſe vingt
» fois moins : ... Il vaut autant que le cheval,
» l'âne & le bœuf réunis enſemble, il porte

L'Arabie eſt pleine de déſerts im-
menſes, où la nature eſt flétrie, où l'œil
ſe perd ſans pouvoir s'arrêter ſur aucun
être vivant, & que le voyageur trem-
blant ne peut parcourir qu'à l'aide du
compas & de la bouſſole. L'Arabe in-
trépide monte ſur ſon chameau, fait

---

» ſeul autant que deux mulets, il mange auſſi
» peu que l'âne, & ſe nourrit d'herbes auſſi
» groſſieres : la femelle fournit du lait plus
» long-tems que la vache : la chair des jeu-
» nes chameaux eſt ſaine comme celle du
» veau, leur poil eſt plus recherché que la
» plus belle laine. ... Le ſel ammoniac ſe fait
» de leur urine. ... On fait des miottes de leur
» fiente, qui brûlent aiſément, & font une
» flamme claire, ce qui eſt d'un grand ſe-
» cours dans ces déſerts, où l'on ne trouve
» pas un arbre, & où par le défaut de ma-
» tieres combuſtibles, le feu eſt auſſi rare
» que l'eau ». *Hiſt. nat. Edition in-12. Tom.*
*XXII. p. 325.*

trois

trois cens lieues en huit jours (1), va piller les caravannes, charge son butin sur sa voiture vivante, & revient jouir auprès de sa famille du fruit de son brigandage & de son indépendance.

Après le chameau qui est le plus utile des quadrupedes, & l'âne qui n'est dédaigné que par ceux qui ne sont pas Philosophes, l'animal le plus pacifique & le plus fait pour ménager les jambes des hommes est le bœuf; aussi sous nos premiers Rois, il formoit l'unique attelage connu dans la Nation.

> .... Au printems quand Flore dans nos plaines,
>
> Faisoit taire des vents les bruyantes haleines,
>
> Quatre bœufs attelés, d'un pas tranquille & lent,
>
> Promenoient dans Paris le Monarque indolent (2).

______

(1) Relat. de Thevenot, *Tom. I. p.* 312.

(2) Boileau. *Lutrin, ch.* 2.

Boileau ne fait ici que copier l'hiſtorien Eginard (1) : mais ſi le poëte ſuppoſoit que l'uſage d'un char attelé de bœufs eſt une preuve de molleſſe, il raiſonneroit avec abſurdité : s'il accuſoit de ce prétendu crime le Roi plutôt que la Nation, il manqueroit à la vérité : enfin s'il en faiſoit un reproche aux mânes de ces Monarques, il bleſſeroit étrangement l'humanité.

Ces chars dont nous parlons étoient connus ſous le nom de *baſternes*, & nos ayeux les avoient probablement empruntés des Romains (2) qui les te-

---

(1) Les paroles de cet Ecrivain ſont remarquables : *Quocumque eundum erat, ſarpento ibat, quod bobus junctis & bubulco ruſtico more agente trahebatur.* Ainſi c'étoit un bouvier qui ſervoit à nos Rois de poſtillon.

(1) Symmaque, Préfet de Rome, écrivoit aux enfans de Nicomaque : *Fratrem veſ-*

noient des Cimmériens long-tems habitans des rives du Bosphore (1). Cependant cette espece de luxe étant devenu trop commun, Philippe le Bel fit pour le limiter une loi somptuaire, & il défendit expressément à toute bourgeoise d'avoir des basternes ; elles se sont depuis consolées de cette défense en adoptant l'usage des carosses.

Nos basternes aujourd'hui sont confinées dans le fond des campagnes ; car l'on voit autour de la capitale jusqu'à la

*trum continuò ad vos opto dimittere, cui basternarios mox præbere dignemini.* Symm. Epist. 15.

(1) Lucien dans ses dialogues, prouve que le scythe Toxaris étoit d'une bonne maison, parce que son pere avoit le moyen d'entretenir une basterne ; cette preuve ne paroîtroit point concluante à nos Généalogistes.

femme d'un riche fermier, rougir de fe
fervir de la voiture de nos premiers
Rois : pour la litiere des Romains ou le
palanquin de l'Inde ou le norimon du
Japon, elle fubfifte encore même dans
nos villes fous le nom de chaife à porteurs ; dans plufieurs de nos capitales,
telles que celle de Bretagne , les
Gentilshommes, les Magiftrats, & les
Dames de la plus grande qualité s'en fervent même dans les vifites de cérémo-
nie : à Paris où l'on aime les voitures
bruyantes, plutôt que les voitures utiles,
la chaife à porteurs n'eft gueres connue que de ces citoyens honnêtes &
décents, que le luxe dédaigneux croit
flétrir en leur donnant le nom de *pro-*
*vinciaux.*

Je ne fçai fi je me trompe, mais la
chaife à porteurs me femble la voiture
par excellence : un caroffe exige l'en-

tretien de trois chevaux, d'un cocher, & de plusieurs laquais; il ne faut pour la chaise que deux porteurs qui peuvent encore faire à l'hôtel la fonction de laquais. ... Motif d'économie.

Les carosses de Paris ne sortent point dans les tems de forte gelée, parce qu'on craint pour les jambes des chevaux; ils restent aussi dans la remise après une pluie considérable ou dans la saison des dégels, parce que la fange formée par des eaux malsaines fait contracter aux chevaux des javares : pour les porteurs, ils marchent en tout tems; ainsi une femme ne se trouve jamais à pied .... Motif d'utilité.

Enfin une chaise à porteurs ne peut causer de désastre, elle n'écrase, ni ne mutile personne : elle ne force point l'honnête indigent à maudire le luxe effréné des hommes qui ne le valent pas .... Motif d'humanité qui dans un fiecle de lumiere & de raifon doit fuf-fire pour déterminer le citoyen géné-reux qui aura le courage de commen-cer la réforme.

## PARAGRAPHE XVIII.

### DES VOITURES MEURTRIERES.

C'EST déja un grand préjugé pour les voitures portées par des hommes, que l'impoſſibilité de pouvoir en abuſer : il n'en eſt pas de même de celles où on attelle des bêtes ; parce que l'empire de l'homme ſur les animaux n'eſt jamais abſolu ; parce que notre induſtrie n'eſt pas toujours en proportion avec leur force, & que le fouet d'un cocher n'a pas tant de pouvoir ſur les chevaux qu'il dirige, que l'intelligence de l'homme ſur les êtres qui la partagent.

Les Eléphans nés libres, & dont l'induſtrie humaine eſt obligée de conquérir tous les individus, peuvent devenir dangereux au peuple & même à leurs conducteurs. Il y en a dans l'Inde qu'on éleve pour la guerre, & d'autres qu'on exerce à fouler aux pieds les criminels; je ne conseillerois pas à un Nabab de choisir ces éléphants soldats ou ces éléphants bourreaux, pour faire voyager son serrail (1).

D'anciens héros, ont osé atteler à leurs chars de triomphe des tigres, des pantheres & des rhinocéros: cet usage seroit encore absurde quand il ne seroit pas féroce: heureusement pour l'espece humaine, il y a fort peu de héros; & l'homme qui écrase de sang froid ses concitoyens, n'adoptera jamais un luxe qui met sa vie en danger.

Les Lapons attelent à leurs traîneaux

------

(1) On place une cage à treillis, nommée *micdember*, sur le dos d'un éléphant, & les seigneurs de l'Indostan y renferment leurs femmes quand ils les promenent. *Relation d'un Voyage par Thevenot. Tom. III. p. 132.*

un animal singulier qui n'habite que
dans ces contrées du Pôle qu'on peut
regarder comme le tombeau de la nature : c'est le renne. Comme il est im-
possible de faire subir à ce quadrupede
sauvage toutes les entraves de la do-
mesticité , il devient quelquefois le
fléau de ses maîtres : on en a vu se re-
tourner brusquement contre leur conducteur , l'attaquer à coups de pied ,
& ne lui laisser d'autre ressource que
de se couvrir de son traîneau, jusqu'à
ce que cet accès de fureur fût passé (1).
Les Lapons pour prévenir de pareils
dangers, mutilent la plûpart de leurs
rennes, qui sans cette précaution deviendroient formidables même dans ces
déserts glacés que tout être vivant a en

***

(1) Voyage de Maupertuis au cercle po-
laire. *Tom. III. des Œuvres de ce Philosophe.*

horreur, & où on fait jufqu'à trente lieues fans rencontrer un homme.

Une bafterne même, qui le croiroit? peut devenir une voiture meurtriere. Grégoire de Tours rapporte qu'Eu-thérie, reine de France, craignant qu'une jeune beauté ne lui enlevât le cœur de Théodebert, fit mettre fa rivale dans une bafterne à laquelle on attela des taureaux qui n'avoient pas encore fubi le joug ; la maîtreffe du Roi éprouva en partie le fort d'Hypolite, & les taureaux la précipiterent avec fa voiture dans la Meufe (1).

Le cheval au premier coup d'œil ne paroît point un animal dangereux : les bandes dont fon corps eft gêné, les fers

---

(1) Grégoire de Tours dit en propres ter-mes : *In bafterna pofitam indomitis bobus con-junctis eam de ponto præcipitavit.*

qu'on lui donne, le mord qu'on a ima-
giné pour rendre ſes mouvemens plus
précis, & l'éperon dont on le frappe
pour les rendre plus rapides : tout an-
nonce en lui un automate organiſé qui
ne ſe meut que par la volonté de l'être
intelligent qui le gouverne : cependant
on a réuſſi à armer contre les hommes
juſqu'à la ſervitude de cet animal dégénéré, & à le rendre preſque auſſi funeſte aux citoyens des grandes villes,
que cet éléphant qu'on inſtruit au Japon à écraſer des rébelles & des parricides.

Des hommes accoutumés à exécu-
ter à l'inſtant qu'ils projettent, & à ne
point mettre d'intervalle entre le déſir
& la jouiſſance, ſe font accoutumés à tra-
verſer Paris avec la même rapidité que
la poſte parcourt les grands chemins
du royaume : comme ſi le bonheur con-
ſiſtoit à franchir les eſpaces : comme s'il

importoit beaucoup à l'homme blafé qui s'ennuyoit à la porte Saint-Honoré d'aller s'ennuyer à la porte Saint-Antoine !

Parmi ces perfonnes blafées, il y en a de fi malheureufement organifées, que leur barbarie s'augmente à proportion des obftacles qu'on oppofe pour la brifer : mettez ces frénétiques dans la plaine des Sablons, la lenteur de leur voiture répondra à l'inertie de leur ame; mais faites-leur traverfer les rues de Paris, ils ordonneront à leurs cochers de voler. Si par hazard une fête ou un fpectacle raffemblent la multitude, ils s'indigneront encore plus contre les barrieres qu'on leur oppofe; & fi ce peuple entier n'avoit qu'une tête, ces nouveaux Caligula ne balanceroient pas à la faire fouler aux pieds de leurs chevaux.

A la démence barbare de ces fybarites, fe joint prefque toujours celle des cochers; le misantrope célebre qui a dit que les valets de Paris étoient les derniers des hommes après leurs maîtres, avoit principalement en vûe cette espece d'être intermédiaire entre les hommes & les chevaux, accoutumé à boire des affronts, & à s'en venger par de vains coups de fouet, & qui ne se console des caprices d'un maître qu'en faisant subir les siens aux machines qu'il gouverne.

Il s'est établi parmi les cochers un point d'honneur absurde qui a déja coûté la vie à une foule de citoyens ; ils ont attaché de l'opprobre à se laisser devancer par les voitures de gens subalternes : s'ils vont a un spectacle, on diroit qu'ils disputent le prix des Jeux Olympiques. Le cocher d'un Duc a trop de sentiment pour rester à la suite d'un simple gentilhomme ; & la Diligence d'un Archevêque n'est pas faite pour céder le pas au Vis-à-vis d'un grand Vicaire.

Toutes les voitures traînées par des chevaux, & conduites par des cochers, ne sont pas essentiellement meurtrieres : il en est que le Législateur doit proscrire, & d'autres qu'il est peut être sage de tolérer. Il est utile à l'homme d'Etat d'établir quelque distinction parmi la foule de ces maux nécessaires qui assiegent un pays quand il est en proie au luxe le plus effréné ; comme il convient au médecin de ne pas confondre un breuvage qui est tantôt nuisible & tantôt indifférent, avec ces poisons actifs des Médée & des Locuste qui tuent à l'instant & sans faire de blessures.

# PARAGRAPHE XIX.

## DIATRIBE CONTRE LES CABRIOLETS.

IL est dit dans l'histoire de Maroc, que Muley Ismaël, celui qui tous les vendredis, abattoit cinquante têtes de chrétiens pour éprouver le tranchant de son coutelas, permettoit à tout le monde indistinctement d'assister à ces sanglans spectacles, & de disserter sur leur nature ; les nobles conducteurs de nos cabriolets seront-ils plus cruels qu'un Empereur de Maroc ? & ceux qui prennent tant de plaisir à écraser les hommes, persécuteront-ils ceux qui ne les vengent que par des diatribes ?

Parmi les voitures inventées par un luxe destructeur, le cabriolet tient le premier rang, comme la machine infernale parmi les pieces d'artillerie.

Le premier qui amena dans Paris la mode des cabriolets, fut sans doute un jeune seigneur accoutumé à confondre dans le même rang les gens du peuple & ses chevaux; s'occupant le matin de ses chiens de chasse, & le soir d'une femme vertueuse qu'il déchire, s'ennuyant par étiquette, & écrasant les hommes pour varier son ennui.

Ce scélérat élégant dit un jour en lui-même : « Les femmes idolâtrent un » amant qui a les inclinations guerrieres. » Je ne suis ni un Alcibiade, ni un Du- » nois, mais je conduirai une voiture » dans Paris avec autant d'audace que » ces héros conduisoient un char sur le » champ de bataille; j'irai donc en ca- » briolet chez ma maîtresse ».

Il dit ensuite, toujours en lui-même : « J'ai un rival qui m'a enlevé un régi- » ment & le cœur de la plus belle » femme de Paris, je sçai qu'il va à pied » à

» à leur rendez-vous, je le suivrai à la
» sourdine avec mon cabriolet, & son
» mauvais destin le conduira peut-être
» sous les roues de ma voiture. En vé-
» rité voilà une noirceur charmante,
».j'aurai du même coup un rival de
» moins & une maîtresse de plus ».

Enfin il ajoûta : « Si le peuple indigné
» s'attroupe autour du cadavre, & veut
» arrêter le meurtrier ; peu m'importe.
» Y a-t-il dans Paris une voiture plus
» rapide que mon cabriolet ? J'aban-
» donnerai mon cheval à son impétuo-
» sité naturelle, je romprai la barriere ;
» & dussai-je écraser encore trois ou
» quatre artisans, je ne serai point puni
» d'avoir écrasé un gentilhomme ».

L'homme riche toujours singe de celui qui est grand ( par sa place ) ne tarda
pas à adopter l'usage du cabriolet : alors
on vit une noble émulation entre lui &
un seigneur, à qui auroit un phaëton plus

K

rapide, raiſonneroit mieux, & tueroit plus d'hommes.

Bientôt ce luxe épidémique ſe communiqua à tous les ordres de l'Etat : un Drapier de la rue Saint-Denys, un Commis de la rue d'Enfer, & un Danſeur de la rue Saint-Nicaiſe, voulurent avoir des cabriolets. Il étoit ſi commode d'entretenir une voiture ſans entretenir des laquais ! il étoit ſi noble de ſe faire ſoi même cocher ! il étoit ſi agréable de ſe donner à la même heure en ſpectacle à l'arcenal, à la place Vendôme, & à la barriere de Vaugirard !

## PARAGRAPHE XX.

### LETTRE PACIFIQUE.

UN homme aimable, & qui auroit eu peut-être toutes les vertus, s'il avoit eu moins d'opulence, me pria un jour de m'intéresser pour lui faire acheter un cabriolet : voici quelle fut ma réponse.

### MONSIEUR,

*LE service que vous me demandez, est directement contraire aux principes que je me suis faits sur la probité. Un cabriolet est une voiture essentiellement meurtriere, & je ne veux pas être la cause occasionnelle de quelques assassinats ; je suis trop l'ami des hommes, pour être en ce moment le vôtre.*

*Vous avez l'ame si belle, que j'en appelle à vous-même, pour justifier mon refus : je* veux que la réflexion me ramene l'ami que m'ôtera le premier reſſentiment : mais ſi après avoir lu ma lettre, il vous reſtoit encore du fiel & des ſoupçons, vous ſeriez à jamais jugé pour moi.

Un cabriolet eſt dangereux pour le maître qui le fait rouler, parce que le conſtructeur ne le rend jamais rapide qu'aux dépens de ſa ſolidité ; il ne faut que la roue d'un caroſſe ou la rencontre d'une borne, pour le briſer en éclats : mille accidens de ce genre ſont arrivés à Paris ; & le luxe qui les cauſe ſans doute ne ſubſiſteroit plus, s'il n'étoit pas dans la nature humaine que les fautes des peres fuſſent perdues pour leur poſtérité.

Le cabriolet eſt encore plus dangereux pour les honnêtes gens qui vont à pied, que pour l'homme imprudent & coupable qui le mene ; ce qui vient des raiſons mêmes qui le font adopter, c'eſt-à-dire, d'être à la fois une voiture rapide & peu bruyante. Un citoyen entend le bruit & reçoit au même inſtant le coup qui le mutile : une mere a perdu ſon fils avant de l'avoir ſçu en danger.

Ne ſuppoſons ici ni ſuicide ni aſſaſſi-nat ; mais quél beſoin un honnête homme a-t-il dans Paris d'un cabriolet ? S'agit-il d'y monter pour faire des viſites ? mais la décence & l'étiquette même s'y oppoſent : ne veut-on que ſe promener ? mais par quelle abſurde manie préférer des rues étroites, embarraſſées & malſaines, à ces environs délicieux de Paris, où l'œil s'égare dans la plus riante perſpective, où l'on reſpire l'air parfumé de la verdure & des jardins, & où l'ame libre & ſatisfaite jouit en liberté de toute la nature ?

Tels ſont mes ſentimens ſur les cabrio-lets : ſi j'étois philoſophe, je ne ceſſerois d'écrire contre ce luxe deſtructeur ; ſi j'étois ſouverain, je ferois plus, j'aurois le cou-rage de le proſcrire.

N'attendez donc point de moi, Mon-ſieur, ce qu'il vous plaît d'appeller un ſer-

vice, & ce que j'ose nommer un crime. Je
veux être votre ami & non votre complice :
en un mot, je puis tout pour vous, excepté
servir vos foiblesses, trahir votre confiance,
& vous deshonorer.

Je suis, &c.

# PARAGRAPHE XXI.

## DES CAROSSES.

LE goût qui perfectionne tout, jusqu'aux instrumens du luxe le plus meurtrier, a multiplié le nombre & varié la forme des équipages. Il n'est plus permis de confondre une *berline*, où quatre personnes peuvent s'asseoir à leur aise, avec ce *vis-à-vis* si favorable au tête-à-tête, & ces *désobligeantes*, où un Seigneur a le privilege de s'ennuyer tout seul.

Il ne faut pas remonter bien haut pour trouver l'origine des carosses ; c'est nous qui les avons inventés, & dans un siecle où nous n'étions plus barbares.

Il y en avoit déja deux sous François I. l'un appartenoit à la Reine, & l'au-

tre à cette Diane , fille naturelle de
Henri II. qui réconcilia Henri IV, avec
fon prédéceffeur , & ménagea ainfi à
la France le plus grand de fes Rois.

Pendant près d'un fiecle les femmes
furent les feules qui eurent le privilege
de fe promener en caroffe. Le premier
Gentilhomme qui fe fit femme fut un
Jean de Laval : fon crédit le fauva des
recherches de la loi ; & fon exceffive
groffeur, qui l'empêchoit également de
marcher & de monter à cheval , en
l'excufant , le déroba aux épigrammes.

Bientôt le délire épidémique des
équipages fe communiqua aux oififs de
la France & de là à ceux des Nations
étrangeres : un caroffe devint un titre
de nobleffe , & l'orgueil titré fut ravi
de fe diftinguer du mérite indigent qui
alloit à pied.

Cependant dans prefque toute l'Europe l'abus de cette forte de luxe obligea les Gouvernemens à faire des loix fomptuaires pour en arrêter les progrès: dès l'an 1563 le Parlement de Paris chargé de veiller au dépôt des mœurs comme à celui des loix , fongea à mettre des bornes à la licence des équipages. Lors de l'enregiftrement des Lettres-Patentes de Charles IX. pour la réformation du luxe , il arrêta que le Roi feroit fupplié de défendre les caroffes ; mais toutes ces précautions n'eurent aucun fuccès , parce qu'on fongea moins à prévenir les abus qu'à les punir : le Parifien qui prévoyoit le mal, mais qui s'en étoit fait un befoin, trouva la défenfe refpectable, & la viola ; comme ce Sauvage qui dans fon ivreffe ayant égorgé fon ami, gémit fur fon cadavre , & s'en confole en s'enivrant encore.

On prétend qu'il y a maintenant

dans Paris quinze mille caroſſes ; ce
calcul effraye l'humanité, & un tel objet
mérite toute l'attention du Gouvernement ; la ſureté d'un citoyen exige que
les loix proſcrivent certaines ſortes d'é-
quipages, & qu'elles tolerent les autres : il eſt certain que plus une voiture
eſt lente, & roule avec bruit, & moins
elle doit cauſer de déſordres ; ainſi, une
berline eſt moins dangereuſe qu'un caroſſe coupé ; un caroſſe coupé l'eſt
moins qu'une diligence, & celle-ci
encore moins qu'un cabriolet. C'eſt
d'après ce principe qu'on peut partir
pour la réforme du luxe le plus atroce :
Paris ſoupire après une loi ſomptuaire ſi
intéreſſante à ſon repos ; & le jour qui
la verra publier éclairera des tranſports
unanimes, une joie ſans mêlange
d'amertume, & des réjouiſſances ſans
déſaſtre.

# PARAGRAPHE XXII.

## DES FIACRES.

VERS le milieu du fiecle dernier, un nommé Sauvage imagina de faire fervir à la commodité des particuliers le luxe des grands : il loua à un prix modique des équipages dont le befoin plutôt que la molleffe avoit dirigé la fabrique ; & comme il demeuroit dans un hôtel Saint-Fiacre, le nom en eft refté à la voiture & au cocher.

Un fiacre n'eft pas une voiture effentiellement meurtriere ; & fans doute ce n'eft pas la faute de l'inventeur, fi l'équipage de ceux qui n'en ont point n'écrafe pas les hommes comme le cabriolet d'un grand Seigneur ; il ne faut pas non plus remercier les cochers, qui étant pour la plûpart stupides, ivres ou brutaux, doivent être rangés dans la classe des animaux qu'ils dirigent : la seule gloire en appartient toute entiere aux chevaux, qui couverts des empreintes du travail & de la douleur, & n'ayant que la docilité de la foiblesse, traînent trop péniblement leur existence pour avoir la force de la ravir aux citoyens.

Cependant ne conviendroit-il pas de diminuer le nombre de ces voitures dont la Ville est surchargée, & qui font ressembler Paris à la carriere des Jeux Olympiques ? Ne pourroit-on pas rendre la profession des cochers moins vile ? ne seroit-il pas sur-tout nécessaire de leur interdire l'entrée de ces rues longues & étroites qui déshonorent tous nos quartiers, & font de Paris tantôt l'image de Babylone, tantôt celle d'un

amas de cafes bâties par des Algon-
quins (1).

---

(1) Il y a dans le Marais une rue nommée *de l'homme armé*, que les fiacres ne man-
quent jamais de traverfer quand ils vont de
la Greve à l'hôtel Soubife. Il faut obferver
que cette rue eft affez étroite pour qu'une
voiture en occupe tout l'intervalle ; & fi un
cabriolet s'obftinoit à la parcourir, il feroit
phyfiquement néceffaire que fes roues paf-
faffent fur le corps de tous les citoyens qui
s'y rencontreroient. Un jour qu'un fiacre
auffi audacieux que le cocher d'un parvenu,
fe difpofoit à enfiler cette rue, un Homme
de Lettres qui étoit à pied, voyant l'impof-
fibilité de fe ranger, mit l'épée à la main ;
le cocher infolent, mais timide, recule en
blafphêmant : arrivé dans une grande rue,
il demande avec fureur comment on ofe tirer
l'épée contre un malheureux qui n'a qu'un
fouet pour fe défendre : « Mon ami, ré-
» pond l'Homme de Lettres, il ne m'eft
» encore jamais arrivé de tirer l'épée con-

---

## PARAGRAPHE XXIII.

### PROJETS DE RÉFORME.

ON ne propose point à un Parisien d'aller à pied , comme dans les trois quarts du globe , où les hommes trouvent qu'ils ont des nerfs & des jambes ; où ils ont moins de maladies & plus d'activité , moins de besoins & plus de jouissances.

On ne lui propose point d'atteler des hommes à des voitures , comme on fait en Asie ; il ne manqueroit pas de répondre que c'est un plus grand crime

---

» tre des hommes , je n'en voulois qu'à tes
» chevaux ; si tu me crois coupable , mene-
» moi chez un Commissaire : en attendant
» cette épée ne rentrera point dans son four-
» reau.

de faire de son laquais une bête de charge, que de se servir de chevaux qui n'écrasent d'ordinaire que *des gens bons à se faire tuer* (1).

On ne lui propose pas même de faire traîner son carosse par des bœufs, comme nos peres le faisoient sous les Rois de la premiere race, & comme on fait encore aujourd'hui en Turquie. Est-ce à un Peuple qui se croit libre à imiter les esclaves des Maires & des Sultans ?

Voici un petit nombre de vues qu'il faut du-moins examiner avant de les

---

(1) Je croirois volontiers que Brutus en soulignant ces mots, a eu en vue d'attaquer le texte suivant d'un Livre célebre : *La guerre purge nos Villes d'une foule de mauvais sujets qui ne sont bons qu'à se faire tuer.* De la Nature, Tome 1. chap. 17. p. 126. (Note de l'Editeur).

déclarer abfurdes : pourquoi ne les expoferoit-on pas avec fermeté ? la Patrie eft-elle un magafin de poudre, où on ne puiffe porter la lumiere fans y caufer une explofion ?

Ne feroit-il pas à propos de profcrire entierement dans les grandes villes les voitures effentiellement meurtrieres, telles que les cabriolets ? ce n'eft qu'un foible rameau à artacher de l'arbre du luxe, & le Légiflateur n'aura à répondre qu'aux clameurs des petits politiques & des mauvais citoyens.

Si un cabriolet étoit néceffaire à un pere de famille peu opulent, qui va de tems en tems à la campagne favourer la nature & refpirer l'air de la liberté, il feroit encore bon de le forcer à l'aller prendre hors de la ville. Multipliez les embarras pour prévenir les grands défordres : l'habitant des capitales eft fouvent comme cet enfant qui n'ufe de fa liberté

que

que pour faire des chutes : Légiflateurs menez-le en lifiere, il marchera moins, mais il ne fera point de faux pas.

Il feroit bon fur-tout d'attacher les plus grandes peines au délit du citoyen en cabriolet, qui en écraferoit ou mutileroit d'autres, même fur les grands chemins ; il faut qu'il fçache que la patrie veille fur les abus des voitures meurtrieres, fi elle a les yeux fermés fur leur ufage.

S'il n'étoit pas prouvé en bonne légiflation qu'un homme mort n'eft bon à rien : fi mon cœur ne fe révoltoit pas contre l'idée de deftruction ; fi une bleffure du corps politique pouvoit être guérie par un autre, je dirois fans balancer : faites mourir le coupable du défaftre ; l'homme qui affaffine en cabriolet n'eft pas moins funefte à la patrie que celui qui affaffine un piftolet à la main.

L

Heureusement il y a des peines moins fatales au corps politique que la mort, & aussi sensibles aux membres qui la subissent (1) ; c'est au Souverain à les trouver & à les combiner avec le

---

(1) « Ce n'est pas l'intensité des peines, dit un Auteur immortel, » qui fait le plus » grand effet sur l'esprit humain, mais la » durée ; parce que notre sensibilité est plus » facilement & plus durablement affectée » par des impressions foibles, mais répé- » tées, que par un mouvement violent, » mais passager : l'empire de l'habitude est » universel sur tout être sensible ; & comme » c'est elle qui enseigne à l'homme à parler, » à marcher, & à satisfaire ses besoins, ainsi » les idées morales se gravent dans l'esprit » humain par des impressions répétées. La » mort d'un scélérat sera par cette raison un » frein moins puissant du crime, que le long » & durable exemple d'un homme privé de » sa liberté, & devenu un animal de ser- » vice, pour réparer par les travaux de

code criminel de ſes Etats, avec l'opinion actuelle des peuples & avec la
raiſon. Ces peines ſur-tout au commencement de la réforme, devroient être
terribles ; le luxe qui aſſaſſine eſt comme ces quadrupedes féroces d'Afrique,
qu'un coup de fuſil irrite, & qu'il faut
un coup de tonnere pour renverſer.

---

» toute ſa vie le dommage qu'il a fait à la
» ſociété.....
   » La peine de mort infligée à un criminel
» n'eſt pour la plus grande partie des hom-
» mes qu'un ſpectacle..... mais pour celui
» qui eſt témoin d'une peine continuelle &
» modérée, le ſentiment de la crainte eſt le
» dominant, parce qu'il eſt le ſeul. Dans le
» premier cas il arrive au ſpectateur du
» ſupplice la même choſe qu'au ſpectateur
» d'un drame ; & comme l'avare retourne
» à ſon coffre, l'homme violent & injuſte
» retourne à ſes injuſtices ». *Traité des Délits & des Peines*, Parag. XVI. p. 118. &c.

## PARAGRAPHE XXIV.

### SUITE.

LA réforme des fiacres fera moins de senfation que celle des cabriolets, parce que cette efpece de voiture n'intéreffe en rien l'homme riche, qui dans tout état dévoré par le luxe, tient feul les poids de la balance publique; au refte il fuffiroit d'en diminuer le nombre qui devient à charge même aux entrepreneurs, & de les réunir en une efpece de corps, fuivant le modele des anciens lecticaires de Conftantinople; il faudroit alors que dans chaque quartier ils euffent des chefs qui veillaffent fur eux, & qui répondiffent de leurs défordres; ces chefs feroient à leur tour fubordonnés à un Infpecteur qui répondroit au Lieutenant de Police. Si malgré tant de précautions il arrivoit quelque meurtre, il seroit bon de faire un grand exemple : on pourroit punir le fiacre par quelques-uns de ces supplices qui font un monument toujours subsistant de la vengeance des loix ; le chef de quartier, par l'ignominie ; & l'Inspecteur même, par une amende. Le moyen de diminuer les crimes de ce genre, c'est de multiplier à propos le nombre des criminels.

Il seroit utile encore de subordonner en tout les fiacres aux chaises à porteurs, & de multiplier les privileges de ceux qui conduisent des voitures pacifiques aux dépens de ceux qui ne menent que des équipages destructeurs : peu à peu l'intérêt feroit ce que la raison ne pourroit se promettre ; les cochers de fiacres quitteroient leurs fouets pour prendre des bâtons ; & il y auroit dans Paris moins de chevaux & plus d'hommes.

L iij

On pourroit auffi interdire aux fiacres les fêtes de la nation, puifqu'ils n'y paroiffent que pour rançonner les provinciaux, pour embarraffer les places publiques, & pour deshonorer le fpectacle.

Enfin il feroit néceffaire de leur défendre, fous les peines les plus rigoureufes, de traverfer cette multitude infinie de rues étroites qu'on rencontre dans tous les quartiers de Paris ; & comme il vaut bien mieux néceffiter la pratique de la loi que d'en punir les infracteurs, on pourroit mettre à l'entrée de ces défilés des barrieres que l'homme de pied auroit feul le pouvoir de franchir : ces rues dédaignées deviendroient alors l'azyle des honnêtes gens qui n'ont point d'équipages & qui craignent ceux des autres ; & comme on les fréquenteroit davantage, fur-tout dans le filence de la nuit, il y arriveroit moins de défordres.

De tels réglemens & de plus fages encore que peuvent trouver les Magiftrats, n'exciteroient fûrement aucune réclamation dans la capitale ; & cette réforme des fiacres prépareroit infenfiblement les efprits à celle des caroffes.

## PARAGRAPHE XXV.

### SUITE.

LA réforme des caroffes exige de plus grandes précautions, & le Légiflateur doit détacher avec adreffe chaque pierre de cet édifice de luxe, afin de n'être pas foi-même écrafé fous fes décombres.

Il y a d'abord une police générale après laquelle le peuple foupire, dont les Magiftrats fentent le prix, & que tout ce qu'il y a de grand en France & par le mérite & par les places, s'empreffe d'autorifer.

Y auroit-il de l'inconvénient à établir dans les grandes rues de Paris des efpeces de trottoirs, comme à Londres, où les gens de pied pourroient faire leurs courfes fans craindre les machines meurtrieres qui les mutilent ou les écrasent ?

Ne seroit-il pas à propos de fermer pour les caroſſes comme pour les fiacres, toutes ces petites rues que l'étranger, admirateur de nos monumens, eſt étonné de rencontrer à chaque pas , & qui offrent un mélange ſingulier du bon goût françois avec la barbarie de **Welches**, des provinces d'*Oc* & de *Ouy* ?

Ne seroit-il pas poſſible de fixer le pas des chevaux, du moins dans les rues fréquentées ? & ſuppoſé que l'intérêt de l'Etat exigeât une marche plus rapide, de forcer un ſeigneur à faire précéder ſon caroſſe d'un homme à cheval qui écarteroit la multitude , & préviendroit tous les déſordres ?

Les malheurs que nous voulons prévenir, arrivent particuliérement à la ſortie des hôtels ou au détour des rues: c'eſt alors que le citoyen qui marchoit dans une parfaite fécurité, tombe fous les pieds des chevaux, avant même de les avoir apperçus: il feroit donc né-ceffaire de forcer dans de telles occa-fions, à redoubler de vigilance ; & fi malgré la loi il arrivoit quelque acci-dent, il faudroit en rendre refponfable le cocher, le maître & fa voiture.

C'eft fur-tout pendant la nuit qu'une police fi fage devroit être obfervée avec plus de févérité. En effet fi jamais la loi doit veiller à la fûreté des citoyens, c'eft lorfque les gens de bien dorment, & que les méchans font enhardis au crime, par l'efpérance de l'impunité. Pourquoi même ne contraindroit-on pas les con-ducteurs de toute efpece de voiture à n'aller pendant la nuit qu'au pas ? Faut-il que la patrie foit fans ceffe dans la crainte de perdre fes citoyens, parce qu'une femme de qualité ne veut pas manquer un fpectacle, ou qu'un fei-

gneur est pressé de se trouver à un rendez-vous.

Il y a des valets dignes par leurs ridicules de devenir maîtres à leur tour, qui
en l'absence du seigneur dont ils portent
la livrée, se placent dans son carosse ,
parcourent avec la plus grande rapidité
les rues de Paris , & tuent les hommes
par vanité : il n'y a point , à mon gré ,
de peine assez grande contre de pareils assassins. Si je pouvois un instant
approuver l'atroce législation de Lycurgue, je conseillerois , pour prévenir de
plus grands attentats , de ramener dans
Paris les loix de Lacédémone contre les
esclaves , & de se jouer de la vie des
Ilotes pour conserver celle dès Spartiates.

Rien n'égale la vanité barbare de
ces laquais , si ce n'est la grossiere bru-
talité des cochers ; la plûpart sont des
ames de boue & de sang , qui s'ac-

coutument à regarder Paris comme un champ de bataille , & qui préferent le ſalut des chevaux qui les nourriſſent à celui de l'homme du peuple qui les dédaigne. Je n'ai jamais oublié une réponſe naïvement féroce qui fut faite par un homme de cette trempe au maître d'un caroſſe fracaſſé. Un Seigneur étranger traverſoit avec rapidité, à l'entrée de la nuit , une rue étroite de la capitale ; ſa voiture légere rencontra une borne & ſe briſa en éclats ; pour comble de malheur un caroſſe qui le ſuivoit dédaigna de s'arrêter , & ſes roues paſſerent ſur le corps d'un cheval de grand prix attelé au caroſſe fracaſſé , & que l'accident avoit jetté par terre : le Seigneur indigné de tant de négligence , & plus ſenſible à la perte de ſon cheval qu'au déſeſpoir de ſon meurtrier , s'élance ſur lui l'épée à la main , & lui demande avec fureur pourquoi il ne s'eft point arrêté en voyant un cheval par terre : *ah ! Monseigneur* , s'écria le cocher, *il fait nuit , & je l'ai pris pour un homme.* Ce trait-là eft à mon gré d'une atrocité fublime : il peint très-bien des monftres dans l'ordre moral, que la nature n'a créés que pour dire aux Légiflateurs de les étouffer.

Si le fiecle n'eft pas digne de travailler à la réforme des maîtres, il eft toujours effentiel de veiller à celle des laquais & des cochers ; & puifque nous ne pouvons efpérer d'abattre le tronc entier de l'arbre du luxe, il eft toujours utile d'en couper les branches , afin qu'on ne vienne pas s'endormir & mourir fous fon ombrage.

Il y auroit peut-être une maniere indirecte de prévenir les grands défaftres caufés journellement par les caroffes ; ce feroit de fermer les yeux fur la har-

dieſſe avec laquelle l'homme du peuple ſe défendroit avec les forces de la
nature & l'énergie du déſeſpoir, contre
l'aſſaſſin titré qui voudroit l'écraſer avec
ſes chevaux ; alors l'homme dur & barbare trembleroit pour lui-même , & il
demanderoit la protection de la loi
qui la lui feroit acheter par ſa réforme.

Au reſte, de tems en tems les Souverains ont reſpecté dans l'homme du
peuple ce mouvement impétueux du
déſeſpoir qui le fait ſortir un inſtant de
l'ordre ſocial pour le faire rentrer dans
celui de la nature — Une femme ſous le
regne de Louis XIV. voit tomber un
enfant au milieu d'une rue , & un
caroſſe à dix pas qui va l'écraſer ; elle
jette un cri, & dans le même inſtant
lance une pierre au cocher qu'elle
bleſſe & fait tomber de ſon ſiége , ſa
chûte arrête les chevaux & ſauve l'enfant : le peuple s'aſſemble , on inſtruit

l'affaire , & les Juges n'attendirent la guérifon du cocher que pour le con-damner à fix mois de prifon.

Dans le tems de la Régence la femme d'un artifan voit fon mari ac-croché par la roue d'un caroffe & foulé aux pieds des chevaux ; elle faute à l'inftant à la portiere , brife la glace d'un coup de poing , & en fait fauter les éclats au vifage d'un Evêque qui reçoit une profonde bleffure ; l'affaire fit du bruit , & le Prélat , malgré fon crédit , fut condamné à faire enterrer l'artifan à fes frais , & à donner une penfion viagere à fa veuve , qui l'avoit bleffé.

De nos jours on a vu un événement encore plus fingulier : les roues d'un cabriolet paffent fur le corps d'un enfant, fon pere tire fon couteau de chaffe , s'élance fur le meurtrier , & le tue fur le cadavre de son fils—Ce malheureux citoyen n'eut que sa grace.

A Dieu ne plaise que j'autorise ici une infraction des loix primitives de la société ; que je mette entre les mains d'un particulier un glaive qui ne doit appartenir qu'à la loi, & que je permette un assassinat pour en punir un autre ! cette licence est diamétralement opposée à mes principes ; ma liberté républicaine ne consiste qu'à défendre avec force les loix sociales ; & c'est parce que je suis pacifique, que je me dis philosophe.

Mais en condamnant les attentats de l'homme du peuple contre le riche, ne seroit-il pas à souhaiter que le riche qui ne craint ni le ciel ni la loi, craignît un peu l'homme du peuple, & que son intérêt du-moins l'engageât à être juste ?

Quel

Quel mal y auroit-il dans l'ordre politique à condamner à-la-fois l'homme puissant qui écrase, & l'homme foible qui punit; à frapper du même coup le malheureux qui se venge, & le barbare qui le force à se venger?

Quel tort feroit à la société un homme qui désespérant de se voir protégé par la loi tenteroit par lui-même de défendre sa vie contre les animaux mal dirigés qui vont l'écraser? Qu'importe par exemple à un Etat qu'on tue beaucoup de chevaux, pourvu qu'on sauve la vie à des hommes?

Ces réflexions me conduisent à un fait singulier de l'Histoire de la Chine qui est consigné dans un des cent volumes de manuscrits Orientaux qu'on voit à la Bibliotheque Royale de Berlin, & qui a échappé aux recherches

M

profondes des du Halde & des Freret.
Je ne serai qu'Historien, & j'espere
me faire écouter des philosophes.

# PARAGRAPHE XXVI.

## ANECDOTE DE L'HISTOIRE DE LA CHINE.

CANG-HI vivoit : c'est ce Monarque qui fut le Marc-Aurele de la Chine par la sagesse de son regne , & qui en devint le Louis XIV par la durée : il n'étoit pas fâché d'être despote ; mais il ne vouloit pas que personne dans ses Etats le fût sous lui. Aussi le premier Mandarin, comme le dernier laboureur, fléchissoit sous la loi ; pour le Prince il n'étoit au-dessus d'elle que pour la protéger , & non pour l'enfreindre.

Cette maniere de gouverner étoit d'autant plus prudente que la famille Impériale étant très-nombreuse, auroit formé à la Chine une aristocratie de Tyrans : on comptoit alors deux mille

Princes vivans, qui étoient du sang de Cang-hi : & comment l'Empire si peu accoutumé à être régi par un Sultan, auroit-il souffert le despotisme de deux mille grands Visirs ?

Cependant tous les abus n'étoient pas réformés : il y avoit trop peu de tems que la Chine avoit été conquise par les Tartares ; & Cang-hi sur le trône mobile où il étoit monté, s'occupoit trop à se rendre absolu, pour songer à être législateur.

Parmi ces abus il y en avoit un fort extraordinaire : une loi ancienne condamnoit à la mort tout Chinois, qui, dans le cas même de la défense naturelle, se mesuroit avec un Prince. Ainsi tout homme qui portoit la ceinture jaune étoit un dieu pour le peuple ; & si ce dieu étoit un assassin, le malheureux qu'il frappoit n'avoit aucune ressource, il périssoit également s'il se défendoit &

s'il ne se défendoit pas ; & il n'échap-
poit au poignard de son meurtrier, que
pour tomber sous celui du bourreau.

Un évenement terrible déssilla les yeux
de la Nation sur ce privilége odieux
que possédoient des hommes qui n'é-
toient pas souverains; le sang innocent
fut versé avec éclat, & ce crime ra-
mena la Chine à la loi de nature.

Sunni & Idamè sortoient d'un temple consacré au Tien ; Sunni, le plus
respectable des disciples de Confucius,
& Idamè la Vénus de la Chine, si Vénus
avoit été vertueuse.; ces deux époux
alloient tous les soirs remercier l'Etre Suprême des belles actions qu'ils avoient
fait faire à leurs enfans : ce jour-là ils
étoient venus lui rendre graces de ce
que leur cadet avoit eu le prix de l'A-
cadémie d'Agriculture, & de ce que
l'aîné loin d'être jaloux de son frere,
avoit fait un poëme pour éterniser sa
victoire. M iij

L'hommage étoit achevé, & le couple refpectable fortoit du temple, précédé de fes deux enfans qui fe tenoient par la main; arrivés fur les marches du péryftile, toute la famille fe vit arrêtée par la foule du peuple qui refluoit fur elle, pour laiffer paffer le char du Prince Yu & fon cortége; l'aîné des Sunni, jeune homme impétueux, s'indignant de l'obftacle qu'on lui oppofe, abandonne la main de fon frere, s'élance au bas des degrés du temple, & vient tomber fous la roue du char qui le partage en deux; la mere avertie par les cris de la multitude, fe dérobe des bras de fon époux, fe jette fous les pieds des chevaux pour fauver fon fils qui n'eft plus, & expire en l'embraffant. Cependant le pere & fon fecond fils n'avoient pas vu avec tranquillité cet horrible fpectacle : le jeune Sunni avoit fuivi fa mere fous le char enfanglanté qui venoit de l'écrafer, & malgré les cris du Prince, & les imprécations de la multitude, les chevaux mal gouvernés alloient fouler aux pieds cette nouvelle victime ; le pere dont les pas rallentis par les glaces de l'âge, secondoient mal les transports de fureur, arrive en ce moment sur le lieu de la scène : dans le trouble qui l'agite, il ne voit ni le Prince ni la loi, mais frémissant de perdre le dernier rejetton de son sang, & d'entrer un jour tout entier dans la tombe, il perce de son poignard les chevaux auxquels le char étoit attelé, sauve son fils , & jettant le fer sanglant aux pieds du Prince, je ne suis pas vengé, dit-il , mais mon nom ne mourra point ; il suffit , qu'on me mene au supplice.

Il avoit fallu bien moins de tems pour exécuter cette scène, qu'il n'en faut pour la décrire ; aussi les gardes n'avoient pas eu le tems d'empêcher Idamè de se précipiter sous la roue : le peuple

n'avoit pû répondre aux cris de la nature que par un cri d'effroi, & le Prince
lui-même voyant le défaſtre dont il étoit
l'inſtrument, l'indignation de la multitude, & un poignard ſanglant entre les
mains de Sunni, n'avoit pu ſoutenir cet
affreux ſpectacle, & étoit tombé ſans
connoiſſance du haut de ſon char à
demi-fracaſſé.

Dans une ville où la police auroit été
moins admirable que dans Pekin, cet
évenement auroit ſuffi pour cauſer une
révolution ; car le peuple n'eſt qu'une
machine que font mouvoir les grands
hommes, les grands ſcélérats, ou les
grands ſpectacles ; mais le ſouverain,
tout deſpote qu'il étoit, étoit ſi chéri,
ſes inſtitutions reſpiroient ſi fort l'humanité, ſes miniſtres protégeoient avec ſi
peu de hauteur, qu'il n'y eut point alors
de déſordre dans la capitale. On con-
duiſit tranquillement le Prince dans ſon

Palais, & l'infortuné Sunni dans la prifon. Le peuple, comme c'eft l'ordinaire,
foupira un inftant, fe coucha en mau-
diffant le luxe, & le lendemain ne fe
fouvint plus ni du caroffe ni des victimes.

Cependant la famille du Prince Yu
affiégeoit les portes du Palais Impérial,
& demandoit juftice contre l'audacieux Sunni : Cang-hi fe fit amener ce
refpectable criminel, & le fit juger
devant lui par le Confeil Suprême des
Colaos ; Sunni fe défendit avec cette
fierté qui éclaire un Souverain fans le
bleffer ; il ne parla point contre le
meurtrier de fa famille, mais il protefta
que s'il avoit encore un fils à fauver
pour la Patrie, il ne balanceroit pas à
poignarder des chevaux, fuffent-ils à
l'Empereur lui-même : il termina fon
difcours en plaignant la Chine d'être
foumife à une loi cruelle, & en s'y
foumettant. Les Juges les larmes aux

yeux, fe levoient déja pour prononcer fa Sentence, & il fembloit que rien ne pouvoit plus le dérober au fupplice; mais Cang-hi arrêta tout d'un coup la délibération; le plaidoyer de Sunni avoit été pour lui un trait de lumiere; il fentoit que l'accufé n'avoit point poignardé les chevaux du Prince Yu pour l'outrager dans fa perfonne; que toutes les loix pofitives qu'on lui objectoit devoient fe taire devant la loi de nature, & qu'enfin il n'étoit que malheureux fans être criminel. Si la Famille Impériale avoit été plus folidement affermie fur le Trône, il auroit dès ce moment abrogé la loi; mais il appréhenda les murmures des Princes, la réclamation des Tribunaux fondés fur des formalités, & faits pour les défendre; & n'ayant pas le courage d'être jufte avec péril, il eut recours à un expédient qui fatisfaifoit à-la-fois la prudence & l'humanité. Il déclara que la loi condamnoit Sunni au supplice, mais qu'il remettoit sa destinée entre les mains du Prince Yu ; & que s'il pouvoit obtenir son pardon de la part de son adversaire, il pouvoit compter sur sa grace de la part de son Souverain.

Yu étoit encore malade des suites de sa chûte, & encore plus de sa terreur : Sunni qui étoit déterminé à mourir martyr de la loi dont il sentoit l'injustice, ne voulut point être amené devant le destructeur de sa maison ; il se fit reconduire dans son cachot, & là il écrivit ce hardi Mémoire qu'il fit présenter le lendemain à l'arbitre de sa destinée.

## MÉMOIRE DE SUNNI.

JE me condamne à la mort ; & quitte par ce sacrifice de ce que je dois à ma Patrie, je vais m'exprimer avec la liberté d'un être qui ne dépend plus que de Dieu & de la nature.

Je vivois en paix dans le sein d'une Religion que mes peres m'ont donnée, & que ma raison ne désavoua jamais ; fidele aux loix de mon Pays, dont ma sureté me défendoit l'examen, & trouvant le ciel dans mon cœur & dans l'amour d'Idamè, pourquoi mon bonheur n'est-il qu'un songe ? pourquoi me réveillai-je à soixante ans pour périr avec ignominie auprès des cadavres encore sanglans d'une épouse & d'un fils que l'orgueil a assassinés ?

Par quelle horrible fatalité au fond

de l'Asie suis-je la victime du luxe effréné de l'Europe ? qu'avoient de commun ma félicité & les roues d'un char ?
ma gloire & le meurtre de quelques
chevaux ?

Par quelle horrible fatalité les loix de
mon Pays encouragent-elles les peres
de famille , & me font-elles mourir
avec opprobre pour avoir été à-la-fois
bon époux & bon pere ?

Par quelle horrible fatalité enfin ,
dans un Gouvernement fondé sur les
loix , une mere & son fils meurent-ils
assassinés sans qu'on les venge , tandis
que tout l'Empire s'ébranle pour faire
punir l'infortuné qui a osé manquer de
respect à leur assassin ?

Et qui es-tu , homme cruel , pour
être l'arbitre de ma destinée ? ton crime
t'a-t-il fait mon Souverain ? t'es-tu
flatté que je viendrois dans ton Palais
implorer ta clémence , & baiser les

mains homicides qui ont écrafé tout ce qui pouvoit me faire chérir encore l'exiftence ?

Le hazard t'a fait naître du fang d'un Souverain ; le hazard m'a fait naître auffi du fang d'un philofophe qui a éclairé la Chine , & s'eft vu le précepteur de fes Rois ; la poftérité jugera que fut l'être le plus refpeʧable du defcendant de Cang-hi, qui écrafe par vanité fes concitoyens, ou du defcendant de Confucius, qui fauve des hommes à fa Patrie , & meurt pour la défenfe de fes loix, lors même qu'elles l'outragent ?

Mais écartons tout préjugé qui retréciroit l'ame & dégraderoit l'homme qui penfe : en quoi, cruel Yu, t'ai-je manqué de refpeʧ ? ai-je tiré mon poignard contre toi ? crois-tu que la morale augufte du Théifme que je profeffe mene à l'homicide ? penfes-tu qu'après avoir respecté soixante ans le sang du plus vil des esclaves , je m'exerce si près de ma tombe à assassiner les enfans des Rois ?

Périsse à jamais ce dogme affreux, qu'un citoyen, pour rentrer sous la loi de nature, peut poignarder les Chefs de la société ! & puisse cette morale atroce être anéantie avec les monstres qui l'ont fait naître !

Mais moi qui ne suis ni brigand ni sectaire , quel est mon crime ? le mouvement machinal qui me porte à tuer des chevaux pour sauver mon fils , fait-il de moi un régicide ? suffit-il d'avoir un poignard à la main pour être criminel de Leze-Majesté ? & juge-t-on de l'ame d'un homme par les erreurs de sa main ?

Tu me cites des loix positives , & moi je t'oppose la loi de la nature ; crois-tu qu'il fût en mon pouvoir de penser à de frivoles Ordonnances de Police ; tandis qu'un cri échappé du fond de mes entrailles m'entraînoit à sauver la vie à mon fils ? ma Patrie doit me haïr un moment d'avoir transgreffé fes loix, mais fi j'avois eu l'ame affez vile pour les obferver, je ne ferois qu'un monftre à jamais odieux au ciel & aux hommes.

Ecoute-moi, malheureux, mais ref-pectable Yu ; on dit que tu n'as point l'ame petite & barbare des courtifans ; je t'ai vu fenfible au défaftre de ma maifon. Tu as peut-être deffein de me dérober au fupplice ; n'importe, je n'ai point dû m'humilier devant toi ; j'ai dû, en mourant martyr de mon Pays, me montrer plus grand que celui qui a affaf-finé ma femme, & qui prétendroit à la gloire barbare de me pardonner.

Je t'avertis que la philofophie m'a donné une hauteur d'ame dont l'homme

du

du peuple qui penſe d'après lui-même,
ne ſe forme pas plus d'idée, que le cour-
tiſan qui penſe d'après un maître. Je ſuis
loin de regarder la vie comme un fardeau que le ciel m'a impoſé ; mais s'il
falloit l'acheter par une baſſeſſe .... n'attends rien de moi : je ne veux point du
meurtrier d'Idamè pour mon bienfai-
teur ; & je préfere la mort au tourment
de la reconnoiſſance.

Je vais t'étonner encore plus ; quand
même mon ſort ne ſeroit point entre tes
mains, & que j'aurois été abſous au
Conſeil des Colaos, l'acte qui me ren-
droit ma liberté bleſſeroit encore ma
délicateſſe : ſi la loi qui me condamne
eſt juſte, pourquoi le Légiſlateur oſe-t-il
m'abſoudre ? ſi elle ne l'eſt pas, pourquoi craint-il de l'abroger ?

Il ne reſte peut-être plus qu'un
moyen à mon perſécuteur de réparer
d'une maniere digne de la Patrie les mal-

heurs dont il a été la caufe , ou du-moins l'inftrument ; c'eft d'employer fon crédit à abolir à-la-fois l'ufage des voitures à roues , & la loi inconféquente qui interdit aux citoyens la défenfe na-turelle ; à faire enforte qu'Idamè & mon fils foient les dernieres victimes du luxe des chars , & moi le dernier martyr d'une des loix les plus abfurdes que le defpotifme ait portées contre le genre humain.

A ce prix je fubirai avec joie mon fupplice ; & fur l'échaffaut même où je dois expirer , je bénirai la mémoire du deftructeur de ma famille.

## RÉPONSE DU PRINCE YU.

JE m'étois déja jugé avant d'avoir vu ton Mémoire : la hardieſſe avec laquelle il eſt écrit ne me fera point changer de projet ; j'ai reſpeƈté en le liſant le déſeſpoir réfléchi d'un philoſophe.

J'ai été l'inſtrument de tes malheurs ; & je ne balancerai pas un inſtant à les réparer ; ſi je n'étois retenu par ma bleſ-ſure , il y a long-tems que je me ſerois rendu dans ta priſon. Ne crois pas que j'abuſe du pouvoir de faire grace que m'a confié le Souverain : demain avant midi je me ferai tranſporter dans ton cachot ; là , j'embraſſerai les pieds du vieillard reſpeƈtable dont j'ai empoi-ſonné l'exiſtence , & je ne me rele-verai que quand il m'aura pardonné.

N ij

Puisqu'un char a causé mon crime involontaire & tes malheurs , je me condamne à aller toute ma vie à pied ; je ne ferai pas un pas dans Pékin sans me rappeller que j'ai ravi deux citoyens à la Patrie , & que j'ai eu le courage de m'en punir.

Il te reste un fils que j'ai privé de sa mere ; je ne lui offre point des richesses , que lui serviroient-elles ? il est comme toi sans desirs, & presque sans besoins ; mais si le Ciel a décidé que je te survive, je veux lui servir de pere — Pourvu cependant que tu me juges digne de l'adopter.

Au sortir de ta prison je me rendrai au Palais Impérial ; là , je prierai le respectable Cang-hi de nous faire justice , & non de te faire grace : tu sortiras de ta prison avec ton innocence ; & moi , si le Souverain me pardonne , je me retirerai encore avec des remords.

Si j'ai quelque crédit à la Cour, si l'éloquence que tu m'inspireras a quelque pouvoir sur l'ame honnête & sensible de l'Empereur, demain il n'y aura plus de chars dans Pékin, ou ils cesseront d'être meurtriers.

Je suis Membre du Conseil Suprême des Colaos, & je promets à Sunni de me démettre de la part que j'ai au fardeau de la législation, si je ne réussis pas à faire abroger la loi barbare & inconséquente par laquelle tout citoyen qui n'est pas né Prince est effacé du rang des hommes.

Voilà ce que me dicte ma juste sensibilité, pour réparer le désastre dont j'été l'occasion ; & malgré les plaintes de ma famille, voilà l'unique maniere dont le Prince Yu sçait se venger de l'infortuné Sunni.

# CONCLUSION
### D'UN GRAND PROCÈS.

L'HISTORIEN Chinois que je traduis s'est peu étendu sur les suites de ce grand événement ; il se contente de faire entendre que le Tribunal des Colaos échauffé par l'éloquence du vertueux Yu, arrêta de ne jamais s'autoriser du privilege absurde des Princes, pour condamner à la mort un homme qui se défendroit contre des chevaux, soit avec les armes de la nature, soit avec celles de l'industrie : il n'osa cependant pas abolir solemnellement la loi, pour ne point ouvrir la porte aux entreprises audacieuses des scélérats ; mais les Princes furent instruits de la délibération, ce qui les força à être circonspects ; & par là le but des Législateurs fut rempli.

Sunni, le vertueux Sunni, devenu
libre, confentit à vivre pour être témoin du regne glorieux de Cang-hi;
& à la premiere promotion, fon Souverain le fit Mandarin de la premiere
claffe.

Pour le magnagnime Yu, fa géné-
rofité dans cette affaire le rendit l'idole
de la Chine : le peuple ne prononçoit
fon nom qu'avec vénération ; & quand
on le voyoit parcourir à pied les rues de
Pékin, tout homme qui avoit des entrailles de citoyen étoit attendri, & 
laiffoit malgré lui échapper une larme.

Ce refpect extraordinaire quelques
mois après fervit à lui fauver la vie : un
édifice public s'étant écroulé tout-à-
coup lorfqu'un peuple immenfe côtoyoit
fes murailles ; deux citoyens allerent
prendre le Prince Yu au milieu des décombres, & réuffirent à le mettre en
fureté. On obferva que dans ce défaf-

trois Princes furent écrafés fous les débris de leurs chars , & qu'on ne chercha à fauver que le vertueux Yu qui étoit à pied.

Pour la réforme des voitures à roues, elle n'eft arrivée que de nos jours ; ce fut un événement femblable à notre défaftre du trente Mai qui la fit naître : j'en ai parlé ci-devant (*a*) , & j'y renvoye. — ô Chinois, peuple refpectable ! — Inftruits par nos Maîtres , ceffons de les calomnier.

_______________

(*a*) Voyez Paragraphe XII. pag. 86.

## PARAGRAPHE XXVII.

### AUTRES ABUS A RÉFORMER.

LE luxe eſt par lui-même un ſi grand mal, que pour le perfectionner on eſt toujours obligé de le rendre meurtrier : voyez les conſtructeurs modernes de nos caroſſes, ils ne ſe flattent d'avoir remporté le prix de leur art que lorſque leurs équipages peu bruyants répondent à la molleſſe de l'embrion décoré qui y eſt renfermé. Or, une voiture qui écraſe avant qu'on ait eu le tems de l'entendre, reſſemble à nos yeux à cette arquebuſe à vent qui tue les hommes en ſilence, & qu'on a été obligé de proſcrire dans les pays même où il y a des Ecoles d'Artillerie.

Quelquefois le char même le plus bruyant ceſſe de l'être par des circonſtances particulieres, & alors la vie du citoyen n'eſt plus en ſureté : on eſt dans l'uſage à la moindre indiſpoſition de couvrir de fumier la moitié d'une rue ; cette précaution reſpire l'humanité, ſans doute : mais pour ne point étourdir une femme qui a des migraines, faut-il ex-poſer la vie d'un honnête homme qui marche devant ſa porte ? ne ſeroit il pas à propos de forcer toute perſonne qui met du fumier dans une rue, d'entrete-nir en même tems un homme qui veil-leroit à la ſureté des paſſans ? quel que ſoit l'expédient qu'employe le Magiſ-trat, il eſt toujours bon que la Police n'accorde la permiſſion de rendre une rue moins bruyante, qu'à condition qu'on répondra des événemens : dans nos Etats modernes les Légiſlateurs doivent forcer par l'intérêt perſonnel les citoyens des grandes Villes à être des hommes.

J'ai obſervé encore que l'hiver étoit la ſaiſon la plus favorable pour les aſſaſſinats occaſionnés par les caroſſes ; c'eſt lorſque les voitures ſuivent avec légereté & ſans bruit des ſillons de neige à demi fondue, ou qu'elles parcourent une ſurface unie par le verglas ; lorſqu'une brume épaiſſe empêche même de preſſentir l'approche de la machine meurtriere, lorſque l'homme du peuple engourdi par la rigueur du froid, & ſentant trop peu ſon exiſtence pour ſe dérober au danger qui le menace, ne fuit qu'avec lenteur, ou s'il précipite ſes pas, gliſſe ſous la roue qu'il veut éviter : c'eſt alors, dis-je, que les accidens ſe multiplient, & que les riches durs par leur caractere, mais rendus impitoyables par la ſaiſon, verſent le ſang humain avec le plus d'intrépidité ; & il eſt bien difficile à un malheureux d'échapper à ſa deſtinée, quand il a à-la-fois à se défendre contre des hommes , contre des chevaux & contre la nature.

Y auroit-il un grand inconvénient à interdire l'usage de toute espece de voiture à roues dans les rues de Paris certains jours de l'hiver? On diroit à l'homme de bien que l'intérêt du peuple l'exige., & il pleureroit de joie en souscrivant à l'ordonnance : on diroit aux hommes qui ont toute la dureté de l'opulence, que tel est l'intérêt de leurs chevaux ; & je ne doute pas que la crainte de se trouver à pied ne les engageât à être patriotes.

De jeunes fols , & plus souvent encore des valets, se plaisent quelquefois à galopper dans les rues les plus fréquentées de Paris ; l'honnête homme éclaboussé les maudit , le peuple de tems en tems leur jette des pierres , & cependant d'ordinaire ils ne font punis que quand leurs chevaux s'abattant, menacent leur vie & celle des malheu-reux qui les environnent.

Je suis auſſi frappé de l'impunité avec laquelle les cochers diſtribuent, ſous le moindre prétexte, des coups de fouet aux perſonnes qui ſont à pied : ils ont l'adreſſe de faire de cet inſtrument d'eſ-clave une arme auſſi redoutable que l'épée, & ſi par hazard leurs coups tom-bent ſur un honnête homme, il voit avec déſeſpoir qu'il ne peut plus ſe ven-ger qu'en aſſaſſinant le malheureux qui l'a mutilé.

Ne pourroit-on pas prévenir la muti-lation d'un honnête homme, & mê-me, quelque peu d'intérêt qu'on y prenne, l'aſſaſſinat d'un cocher ? il ſuf-firoit d'attacher la peine la plus grave au crime de s'armer d'un fouet contre des êtres intelligents ; & de faire crain-dre un ſupplice rigoureux au cocher dur

& barbare qui oseroit traiter avec le même mépris insultant, des hommes & ses chevaux.

J'ai beaucoup parlé des peines terribles que le Législateur doit infliger à des hommes que le préjugé croit à peine coupables ; & ce principe a peut-être besoin d'apologie. Je suis loin d'établir de la disproportion entre les délits & les peines, de ramener en Europe les institutions féroces du Japon, & de dérober les hommes à la frénésie des chevaux, pour les exposer à la tyrannie de la loi ; mais je dis que dans les grands maux politiques, il faut commencer par employer des remedes violens, la révolution s'opere, & insensiblement le remede s'adoucit avec le mal : le Législateur, tel qu'un Musicien habile, doit d'abord tendre avec excès la corde nouvelle de son instrument, bientôt elle se relâche d'elle-même, &

il n'y a plus de diſſonnance ; mais ſi au premier eſſai tous les tons s'étoient trouvés juſtes , au ſecond coup d'archet il n'y auroit point eu d'harmonie.

Voici un ſecond principe non moins ignoré, mais non moins vrai ſans doute : dans tout Etat où il y a des mœurs, la loi doit être indulgente pour les crimes des particuliers , & tonner contre ceux de la nation ; c'eſt que les derniers ſont une eſpece d'épidémie qui peut en peu de tems cangréner tout le corps politique : il faut alors que le Légiſlateur ſoit barbare envers une partie des citoyens , pour ſauver la multitude , comme on aſſaſſine ſans crime des peſti-férés , afin de ſauver la Patrie de la contagion.

# PARAGRAPHE XXVIII.

## DES FÊTES NATIONALES, DES PROMENADES ET DES SPECTACLES.

JE ne sçai si je me trompe ; mais si jamais l'égalité devoit être ramenée dans un Etat, c'est lorsque toute la nation animée des mêmes principes, dirigée par le même intérêt., & embrasée du même patriotisme, se trouve rassemblée pour célébrer un événement.qui sert d'époque à ses annales : telle est la fête du mariage d'un Souverain, ou d'un Prince destiné à l'être ; telles sont les réjouissances qui suivent la convalescence d'un Monarque aimé ; tel est encore mieux le jour où l'Europe respire après une guerre sanglante, se désarme sur la foi d'un traité, & se pro-

met

met de ne plus gémir des crimes des Miniſtres ou du caprice des Rois ; c’eſt alors que toutes les diſtinctions doivent diſparoître , que les rangs doivent s’anéantir , & que les demi-Dieux de la terre doivent ſe glorifier d’être confondus avec des hommes.

Dans ces eſpeces de ſaturnales auguſtes , où l’ivreſſe de la joie juſtifie tout , excepté le crime , pourquoi le Souverain ne défendroit-il pas à tout le monde ſans exception l’uſage des voitures à roues ? de telles fêtes ſont pour le peuple , & les grands ne doivent y aſſiſter que parce qu’ils en font partie.

Je ne ſçais , mais un Cordon-bleu au milieu de la multitude dont il partage les tranſports , & à qui il communique les ſiens , me paroît un être bien reſpectable ; & quel eſt le monſtre qui oſeroit alors lui manquer ? ſon abaiſſement volontaire le défendroit mieux

ſans doute qu'un mur , des gardes &
des bayonnettes : oui , il faudroit être
le plus vil des hommes pour abuſer dans
cette occaſion, de l'état de foibleſſe où
il s'eſt mis par grandeur d'ame ; &
l'on ſçait que les hommes vils ſe trouvent
rarement parmi le peuple.

Eſt-il abſolument néceſſaire que dans
ces fêtes ſolemnelles les grands de la
nation repréſentent ? conſtruiſez-leur
des loges magnifiques , illuminez avec
goût les portiques où ils vont s'aſſeoir ,
donnez-leur même des gardes , pourvu
qu'ils ne ſervent que pour la décoration,
& non pour ravir au peuple le coup
d'œil du feu d'artifice ; mais banniſſez
avec ſoin tous les équipages ; que les
chevaux ſoient éloignés d'une fête
qu'ils ne peuvent qu'enſanglanter , &
que la repréſentation des maîtres finiſſe
avec le ſpeƈtacle.

Une femme honnête , dit-on , ne va

point à pied ; je ne vois pas trop en quoi l'ufage d'une faculté naturelle peut bleffer l'honnêteté : qu'une perfonne du fexe s'habille avec décence, qu'elle n'humilie perfonne par fes propos, & furement elle ira à pied fans ceffer d'être honnête ; quant à celles qui n'ont pas affez de philofophie pour fe mettre au-deffus d'un préjugé qui les dégrade, la loi peut leur permettre de fe faire porter par des hommes, mais non de fe faire tirer par des chevaux.

Si par hazard la fête nationale fe célébroit hors de la ville, & qu'il y eût trop d'inconvénient à défendre aux riches l'ufage des voitures à roues, il feroit toujours à propos de ménager deux chemins pour fe rendre au lieu du fpeΩacle ; l'un, fermé aux deux extrémités par une barricade, feroit deftiné pour les gens de pied, & l'autre feroit réfervé pour les voitures ; des gardes dif-

pofés à l'entrée de chaque avenue veil-
leroient au maintien de cette police, de
maniere que les hommes ne pourroient
embarraffer la marche que des hommes , & que les chevaux ne pourroient
bleffer que des chevaux.

C'eft fur-tout à la revue que le Roi
fait dans la plaine des Sablons , qu'une
telle précaution feroit indifpenfable pour
affurer la tranquillité publique. N'eft-
il pas fingulier que dans les grands Em-
pires de l'Afie les Souverains faffent
quelquefois manœuvrer fur un champ
de bataille cent mille hommes environ-
nés d'un nombre prodigieux de chameaux & d'éléphans , fans qu'il en
coûte la vie à un feul fpe&tateur ; tandis
que chez nous la revue d'un Corps de
dix mille hommes , tous les ans mutile ou fait périr quelque citoyen ?

Chaque année dans le tems de la
Semaine-Sainte , Paris entier tranfporté

de la même manie , va refluer dans le bois de Boulogne ; perfonne n'a de but dans cette finguliere promenade , fi ce n'eft de montrer fa voiture ; là , toutes les Laïs de la Capitale nonchalamment étendues dans les équipages des Seigneurs qui les entretiennent , infultent par leur fafte aux femmes honnêtes qui les fuivent & qui rougiffent encore d'en être effacées ; le vis-à-vis d'un Prince roule à côté du phaéton d'un commis , & devant la berline élégante d'une Ducheffe on voit quelquefois un fiacre attelé de fix fquelettes de chevaux , ayant des cordes pour harnois & des Savoyards aux portieres qui excite la rifée du peuple pour lui & pour tout ce qui l'environne. Tous ces défagrémens ne corrigent perfonne , parce que Paris eft une efpece de machine montée à exécuter toujours les mêmes mouvemens, qui obéit à l'impulfion qui l'entraîne aux mêmes inconféquences , & qui ne peut jamais donner d'autres motifs de ce qu'elle fait cette année , finon qu'elle l'a fait l'année précédente.

Au refte , de telles folies font rire le philofophe fans faire gémir l'homme de bien. Il eft certain qu'il n'arrive prefque jamais d'accident dans ces efpeces de faturnales ; foit à caufe de la lenteur forcée des files de voitures , foit parce que le peuple fe répand dans les allées collatérales du bois de Boulogne , & laiffe le grand chemin libre pour les équipages ; cependant la route depuis la fortie de Paris jufqu'aux portes du bois peut devenir meurtriere : il feroit donc à propos d'abandonner le chemin de Paffy aux gens de pied , & de contraindre toutes les voitures à fe rendre à la porte Maillot par le chemin de l'Etoile. En vain dira-t-on que jufqu'ici la liberté contraire n'a point dégénéré en licence : une bonne législation prévient les accidens , & n'a point de mauvais usages à réformer.

Le citoyen soupire encore après une réforme. qui intéresse sa sureté dans le tems des spectacles ; on ne donne point de Pieces nouvelles aux trois Théatres, que toutes les voitures de Paris ne s'y rendent, tant on est pressé de faire la fortune d'un Auteur qu'on protege , ou de contribuer à la chûte d'un Ouvrage à qui on envie même un jour d'existence ; toutes les rues qui avoisinent le Spectacle sont alors étrangement embarrassées par les carosses : l'homme de pied ne peut faire un pas sans trembler pour ses jours ; & il y a telle Tragédie qui a coûté un équipage à son protecteur , la perte de sa réputation au poëte , & la vie au Zoïle qui venoit la siffler.

Je sçai combien la Police de Paris

redouble alors de vigilance pour prévenir les plus légers défordres ; mais quand le mal eſt dans la choſe même, qu'importe que le bien ſoit dans les acceſſoires ? ſi le feu central qui fatigue les entrailles du Véſuve doit néceſſairement s'échapper par des éruptions fatales à l'Italie, ne vaudroit-il pas mieux abandonner la ville qui eſt bâtie au pié du Volcan , que de faire tous les mois des Proceſſions avec les Reliques de Saint Janvier ?

Il me ſemble que tant qu'une ſalle de Spectacle ne ſera point iſolée, & qu'on ne lui ménagera pas de tout côté des dégagemens, il y aura un vice eſſentiel dans ſa conſtruction : la ſalle des Tuileries , occupée maintenant par la Comédie Françoiſe , devroit peut-être ſur cet objet ſervir de modele aux autres Théatres ; auſſi les accidens cauſés par les voitures y ſont preſque impoſ-

fibles ; les gardes établis pour maintenir le bon ordre peuvent fe repofer ,
& peut-être que les citoyens d'une
grande ville ne font jamais plus en fureté que lorfque tout dort autour d'eux ,
jufqu'à la Police.

On fe flatte que les Entrepreneurs
de la nouvelle falle de la Comédie
Françoife, préviendront fur ce fujet les
reproches de l'homme de bien & les
objections du philofophe ; qu'ils ne
s'amuferont point à perfectionner les
jeux de paume ridiculement décorés
qui exiftent encore auprès de la rue
Mazarine & dans la rue Mauconfeil ;
mais qu'ils créeront fur les plans de
l'homme de génie un Théatre digne de
Cinna & d'Athalie, où les acteurs pa-
roîtront des héros , où les fpectateurs
feront à leur aife , & dont ils n'appro-
cheront pas , s'ils font à pied , avec le
même effroi avec lequel on approche
d'un champ de bataille.

Il feroit à fouhaiter que le Gouvernement veillât encore fur d'autres plaifirs de la Capitale , & fur les abus monftrueux qui en réfultent. Je mets au premier rang les rendez-vous dans les beaux jours de l'été aux boulevards du Temple les Dimanches & les Jeudis : l'épidémie du bon ton oblige alors toutes les voitures de Paris à fe raffembler fur ce chemin trifte & fangeux ; on venoit changer d'air , & on n'y refpire que les exhalaifons peftilentielles des marais ; on comptoit fe promener , & on refte renfermé entre des files d'équipages qui ne fe remuent que pour fe brifer ; c'eft là que les Phrynès de la ville fe rendent avec éclat pour lier leurs parties de plaifirs , comme celles de l'ancienne Babylone fe rendoient dans le Temple de Mylitta pour vendre leurs faveurs ; & en France comme en Affyrie , les courtifannes fe font toujours vantées de donner le ton aux femmes honnêtes.

A cette licence de mœurs se joint ordinairement un grand nombre d'accidens funestes : comme dans ce défilé
étroit & infect qu'on appelle le boulevard, les voitures n'ont pas la liberté de
manœuvrer, s'il plaît à un cocher de reculer, il faut que tous ceux qui le suivent, fussent-ils au nombre de deux
cens, reculent aussi, & au même instant ; dans un tel désordre on écoute
peu la voix des gardes postés de distance
en distance, les chevaux s'abattent, les
berlines brisent les cabriolets, les équipages qui sortent de la file tombent dans
le fossé ; & ce qui m'indigne encore
plus, de tems en tems le sanctuaire de
ce Temple de Mylitta est arrosé du sang
des hommes.

Il y auroit, je pense, divers moyens
de prévenir tous ces accidens : ne pourroit-on pas répéter dans de telles occa-
sions l'ordre qu'on a observé la nuit du

dernier Bal de l'Ambaſſadeur d'Eſpagne ? ordre admirable qu'on doit au Magiſtrat qui veille à la Police de Paris, & que l'ancienne Rome eût à peine oſé eſpérer de ſes Ediles, ou nos peres du célebre d'Argenſon ?

Peut-être vaudroit-il encore mieux rendre déſerte cette promenade étroite & mal ſaine, en tranſportant ailleurs tous ces ſpeƈtacles ridicules & faits pour la populace, qui y attirent les élégans oiſifs & blaſés qui ſe donnent le titre de *bonne compagnie* ; le bon goût gagneroit ſurement à cette réforme, autant que les bonnes mœurs.

## PARAGRAPHE XXIX.

### PLAN D'UNE NOUVELLE PROMENADE POUR LES VOITURES.

PARIS a de superbes promenades pour les gens de pied; puisque les gens à équipage rougissent d'y être confondus avec eux, on pourroit condescendre à leur foiblesse en leur formant une promenade nouvelle, qui serviroit en même tems à l'embellissement de la Capitale. Je ne connois point de plus belle situation pour remplir ce projet, que l'ancien emplacement des champs Elysées; la facilité d'y aborder par le quai, par le boulevard, & en sortant des Tuileries; la perspective riante de l'amphithéatre de Chaillot & de la riviere, l'avantage de pouvoir prendre un bain d’air nouveau à la pointe de l’Etoile, tout concourroit à faire de ce lieu un féjour enchanté : le Gouvernement n’a qu’à donner un coup de baguette, & nous y verrons renaître les jardins d’Armide.

Il fuffiroit d’aggrandir le chemin qui mene à l’Etoile, afin que les équipages puffent manœuvrer fans danger de tuer des chevaux ou de mutiler des hommes ; un mur à hauteur d’appui & non un foffé, fépareroit la carriere des voitures de celle des gens de pied, & l’œil feroit également fatisfait du tableau mouvant des deux promenades.

Puifqu’une promenade fans fpectacles nous paroît un corps fans ame, on pourroit en procurer aux champs Elyfées. Je ne parle point ici de ce petit monument qu’on éleve à grands frais au-deffus du jardin de l’Hôtel d’Evreux, & qui durera encore moins

fous le nom de Colyſée que ſous celui
de Wauxhall, parce qu'il ceſſe d'avoir à
nos yeux, ſi aiſés à ſe blaſer, cet attrait
de la nouveauté, qui fait l'unique prix de
nos petites jouiſſances.

Mais puiſque les ſpectacles de la populace ont tant de charmes pour les gens
du monde, ne pourroit-on pas tranſporter dans la nouvelle promenade Gau-
don, Nicolet & l'Ambigu comique ?
on placeroit leurs théatres dans des boſquets ménagés avec art ; & il ſeroit
permis à tout homme de goût qui vient
de frémir à Mahomet, ou de pleurer
à Andromaque, de s'extaſier devant des
danſeurs de cordè, à la piece décente
de la Bourbonnoiſe, ou aux farces du
petit Arlequin.

Il ſeroit poſſible encore de former
devant le Cours-la-Reine une enceinte
pour des joûtes, à l'imitation de celles
de la Rapée ; pourvu qu'on jettât moins

d’hommes à l’eau , & qu’on tirât plus de feux d’artifice ; pourvu que les Décorateurs au lieu de faire des machines mesquines & sans goût , se pénétraffent du génie de Servandoni ; pourvu enfin , que les Spectateurs ne s’avifaffent pas de prendre nos luttes ridicules de Bateliers pour les célebres Naumachies des Romains.

Je ne fçai fi je me trompe , mais il me femble que ces jardins Elyfées décorés avec intelligence , & qui ne feroient féparés que par la belle Place de Louis XV. de ce fuperbe planifphère des Tuileries , formeroient en leur genre le plus magnifique monument de l’Europe : je crois auffi qu’on l’embelliroit à peu de frais , parce qu’on n’y tranfporteroit point d’obélifques , & qu’il feroit inutile d’y élever un Théatre de Marcellus , ou un Palais d’or de Néron.

On a fait venir , quoiqu’avec peine ,
des

des eaux vives dans le Colifée; ne pourroit-on pas les raffembler dans des canaux , & les répandre dans les champs
Elyfées, pour y former des baffins, des
gerbes, ou même de fimples ruiffeaux
qui , au milieu de ces ouvrages péni-
bles de l'art , retraceroient quelquefois
la nature ?

J'ai parlé d'un mur à hauteur d'appui, qui fépareroit plus utilement qu'un
foffé la promenade des gens à pied de
la route des équipages ; ce mur n'eft-il
pas fufceptible de décoration ? ne peut-
on pas le tailler en baluftrade ? feroit-il
abfurde de le charger par intervalles
de vafes de marbre ou de ftatues ? Pourquoi, par exemple, rougirions-nous de
faire revivre Rome & Athènes dans
Paris ? nous avons des grands Hommes
comme ces deux Villes célebres ; ne
pourrions-nous pas, à leur imitation, les
faire refpirer en marbre ou en airain

P

dans nos promenades publiques ? L'Hiſtoire éterniſe ce qu'ils ont fait pour la Patrie; ce ſeroit au ciſeau de nos Sculpteurs à éterniſer notre reconnoiſſance.

Je me figure auſſi qu'à une certaine diſtance de ces ſtatues nos Architectes pourroient conſtruire des deux côtés du chemin de l'Etoile, un portique immenſe qui ſerviroit, en cas de pluie, d'aſyle aux gens de pied : cette colonnade devroit être très-légere, & former pour ainſi dire un édifice aérien, afin de ne point borner la vue, & retrécir la perſpective ; on pourroit prendre pour modele le beau portique qui regne dans les boſquets de Verſailles autour de la piece de l'enlevement de Proſerpine : cependant je ne conſeillerois pas de faire les colonnes en marbre, & de mettre des ſtatues dans les intervalles, parce que nous n'avons que des carrieres de pierres de taille, que notre opu-

lence n'est point celle des Romains,
& que la nature fait parmi nous trop peu
de Pigals & de Girardons.

Si la Ville vouloit s'indemnifer en
peu de tems des frais de cette entre-
prife, en voici un moyen qui ferviroit
encore à l'embelliffement de la nouvelle
promenade ; il faudroit former au-deffus du portique une terraffe garnie, foit
de tentes, foit de treillages, où, moyen-
nant une légere rétribution, on auroit
la liberté de s'affeoir pour jouir à fon aife
de tout l'enfemble du fpectacle, où l'on
trouveroit tous les rafaîchiffemens dont
le luxe fe fait des befoins, & qui ferviroit de rendez-vous aux honnêtes gens
pour parler de leurs affaires, & à la pré-
tendue bonne compagnie pour s'entretenir de fes plaifirs.

On pourroit auffi louer au peuple
des fiéges fous le portique ; mais fi
jamais la Ville prend le goût de la vraie

magnificence, elle ceſſera de mettre une impoſition ſur les plaiſirs qu'elle procure à ſes citoyens ; on ſe ſouviendra qu'à Rome & à Athènes il n'en coûtoit rien pour entendre les Pieces immortelles des Térence & des Sophocle , & Paris ne fera payer perſonne pour s'aſſeoir dans ſes promenades.

Si dans ce ſiecle futile il étoit permis de penſer en grand , & ſi détourner le luxe à des objets de décoration publique n'étoit pas un crime envers quelques particuliers , on pourroit donner plus d'étendue au plan de cette promenade : mais il ne s'agit point encore de faire de nous des Romains ; contentons-nous de décorer Paris ſans l'appauvrir , & de procurer aux gens à équipage des plaiſirs qui ne coûtent point la vie à des hommes.

Garrick , le Roſcius de l'Angleterre, a ſçu élever dans ſes jardins un Temple à l'immortel Shakefpear : ce qu'un particulier a fait dans une petite enceinte, une Nation ne pourroit-elle pas l'exécuter dans un vafte emplacement ? Il y a différentes claffes parmi les grands Hommes qui ont éclairé la France, ou qui l'ont gouvernée : j'ai propofé d'en faire refpirer un certain nombre en marbre ou en airain fur la double baluftrade qui régneroit depuis la pointe de l'Etoile jufqu'à la Place de Louis XV. Je defirerois que parmi ces Hommes célebres ceux qui ont créé leur Patrie, ou dont le génie a opéré une révolution dans l'efprit humain, euffent un Temple particulier dans les bofquets des champs Elyfées : on fuivroit alors les idées des grands Artiftes dans l'exécution de ces divers monumens ; car c'eft au génie à faire l'apothéofe du génie.

J'aimerois à voir dans un de ces Temples le refpeétable Henri IV. embraf-

sant Sulli qu'il protege contre les cour-
tisans, les financiers & les traîtres;
tandis qu'un Laboureur qui pleure de
joie, vient offrir à la nouvelle Divinité
les prémices de ses gerbes qui viennent
de fleurir, & son enfant qui vient de
naître.

D'un autre côté seroit un sanctuaire
consacré à Descartes; on verroit ce Philosophe au sein d'une nuit profonde,
gravissant avec peine un rocher : la
flamme du génie qui brilleroit sur sa tête
suffiroit pour éclairer à une certaine
distance les objets qui l'environnent;
on appercevroit à ses pieds des hommes déja créés, & au-dessus de lui des
statues qui attendent que la main du Philosophe les vivifie; il montreroit d'une
main les glaces éternelles de Stockholm
où il va mourir, & ses regards se tour-
neroient encore avec attendrissement
vers sa Patrie, qui ne doit qu'après un

fiecle venger fa cendre & honorer fa mémoire.

On a long-tems balancé où on place-roit la ftatue qu'érigent à *Voltaire vivant* les gens de Lettres de l'Europe, fes Compatriotes ; & il paroît qu'on s'eft décidé à la mettre au foyer de la Comédie Françoife : mais qui voit-on dans ce foyer ? des Actrices qui minaudent, des Petits-Maîtres qui perfifflent, ou des Seigneurs qui arrangent des foupers : un tel fanctuaire me femble bien peu digne du créateur de Mahomet & de la Henriade.

Ajoutons que l'homme de génie à qui on érige cette ftatue a été l'Ecrivain le plus univerfel qu'on ait vu dans l'Europe ; pourquoi donc borner fes talens à celui d'avoir fait d'excellentes Tragédies ? convient-il de circonfcrire ainfi fa gloire, & de lui faire une apothéofe qui le dégrade ?

C'eſt dans les champs Elyſées avec Henri IV. qu'il a ſi bien chanté, & Corneille qu'il a ſi bien remplacé, qu'il faudroit lui dreſſer un monument digne de lui & de la Nation qu'il éclaire. Un homme tel que lui doit reſpirer en marbre dans des jardins publics, & non dans l'ombre d'un cabinet ; il doit être environné, non de Comédiens, mais de grands Hommes.

Si jamais mes concitoyens ont aſſez d'audace pour entreprendre de grandes choſes, & aſſez de richeſſes pour les exécuter, ils ne s'arrêteront pas à ces idées ; ils éleveront à la pointe de l'Etoile deux monumens paralleles & correſpondans à la double colonnade dont j'ai deſſiné le plan : ces monumens feroient érigés à la gloire des hommes des deux continens qui ont acquis une grande célébrité, ſoit par leurs vertus, ſoit par leurs lumieres. Il feroit beau de rendre ainsi hommage à tout ce que la nature a fait de sublime, & de prouver que tous les grands Hommes de la terre sont nos compatriotes.

On verroit sur le premier Alexandre, Salomon & Trajan, les Scipion, les Aristide & les Socrate; les Philosophes pratiques, les grands Capitaines, & sur-tout les bons Rois : la montagne factice où seroient rassemblées toutes ces statues, pourroit s'appeller le Capitole.

De l'autre côté seroit le mont Parnasse dans le goût de celui que l'ingénieux Titon du Tillet a légué à la Bibliotheque du Roi ; mais il faudroit que l'enthousiasme de l'Architecte ne se bornât pas à célébrer les Hommes de génie de la Nation : je desirerois y voir Newton créant le monde avec Descartes, Racine étudiant le cœur humain avec Euripide, & Platon éclairant les Rois à côté de Montesquieu.

Ces idées fur le Capitole & le mont Parnaffe, font femées au hafard, & je ne m'attends pas qu'elles germent avant mille ans : revenons à des projets fimples, & qui faffent moins d'honneur à mon imagination qu'à mon patriotifme.

Une fimple voliere telle que Varron en a donné le plan dans un de fes Ouvrages fur l'Agriculture, feroit un ornement digne des jardins d'Armide : une voliere chez les anciens étoit un édifice de forme circulaire dans le goût du Panthéon de Rome, foutenu par des colonnes d'ordre ionique, précédé d'un périftile digne d'un Temple des Dieux, & enrichi de ftatues des plus grands Artiftes ; une firene armée d'une baguette étoit placée vers la coupole, & défignoit le vent qui fouffloit alors : cette coupole peinte en bleu, & femée d'étoiles d'or, étoit partagée par une

bande qui repréfentoit le Zodiaque , &
le long de laquelle fe mouvoit , par
une méchanique ingénieufe , un foleil
de cuivre doré qui marquoit les heures;
dans l'intérieur de la voliere régnoit un
fecond ordre d'Architecture plus petit
que le premier , & couvert d'un filet
léger pour empêcher les oifeaux de
prendre la fuite : le centre de l'édifice
étoit occupé par un baffin où on nour-
riffoit des poiffons ou des animaux am-
phibies , & d'où fortoit une gerbe qui
fatisfaifoit les regards & portoit la fraî-
cher dans ce lieu enchanté. On foupoit
dans ces volieres , & les convives frap-
pés de l'Architecture de l'édifice , em-
baumés par le parfum des fleurs , ravis
du goût des mets , & doucement émus
par le filence de la nature , qui n'étoit
interrompu que par la mélodie des
oifeaux , avoient tous les fens ou-

verts pour goûter la volupté (1).
A l'oppofite d'une pareille voliere

---

(1) M. Pingeron a donné de plus grands
détails fur ce fujet dans les Papiers publics,
& j'aurai moins de peine à analyfer cet Ecrivain, qu'il n'en a eu à analyfer Varron. Les
colonnes de la voliere, dit ce moderne ingénieux, étoient d'ordinaire au nombre de
huit, & portoient un entablement fur lequel
on voyoit une coupole fphérique ouverte
par le milieu ; cette ouverture étoit traver-
fée par deux barres de fer qui fe croifoient
à angles droits : une verge de fer verticale
paffoit par les deux barres, & traverfoit la
firene deftinée à marquer les vents ; la méchanique qui faifoit mouvoir le foleil étoit
placée dans l'épaiffeur de la voûte de la coupole ; & quelques compliqués que fuffent
fes mouvemens, ils étoient du-moins cachés
aux regards des fpectateurs ; des barres de
bois qui alloient d'un des piedeftaux des petites colonnes à l'autre, formoient un am-

on pourrroit placer une ménagerie,
pourvu que l'efpace fût affez grand pour

---

phithéatre ingénieufement deffiné, & fer-
voient de branches aux oifeaux : la gerbe
qui partoit du centre du baffin, traverfoit à
une certaine hauteur une table circulaire
évidée dans le milieu, & foutenue par des
barres de fer ornées de feuillages dorés qui
aboutiffoient à l'ajutage de la fontaine jail-
liffante ; un efclave fervoit cette table, la
faifoit tourner fur fon pivot, & les mets fe
trouvoient devant les convives : comme
la table avoit une certaine épaiffeur, on y
faifoit entrer de l'eau chaude qui fortoit par
divers robinets qu'on ouvroit à volonté.
Dans les derniers tems de la République,
les Lucullus & les Craffus ajoutoient à toutes ces machines des tuyaux cachés dans la
voûte, & d'où mille parfums tomboient en
rofée fur les convives. C'eft ainfi que toutes
les reffources de la nature & toutes celles de
l'induftrie fe réuniffoient pour multiplier les
jouiffances de ces Maîtres du monde, qui fe

que les animaux ne s'effarouchaffent pas
dans leur prifon , & que le grillage de
fer qui environneroit l'enceinte fût affez
fort pour que le fpectateur vît fans
effroi leur furie fe brifer ou fe calmer.

Enfin , il ne feroit peut-être pas inutile de réferver dans la vafte circonférence de ce jardin public , un petit
champ de Mars, où la jeuneffe pourroit
s'exercer au difque , à la paume , à la
lutte , à la courfe, à l'équitation , & à
tout ce qui regarde la gymnaftique :
quoi qu'on en dife, une éducation molle
& énervée ne forme que des femmes ,
& ce n'eft point parmi elles qu'il faut
chercher le Héros qui défend fa Patrie ,
ou le génie vigoureux qui l'éclaire ; &
pourquoi nos Sybarites s'oppoferoient-
ils à ces inftitutions Lacédémoniennes ?

---

montroient également grands, & dans leurs
travaux & dans leurs plaifirs.

n'ont-ils pas befoin pour leurs jouiffances de ces forces que je demande pour
former de grands Hommes ? & le Héros qui abufa en une nuit des cinquan-
tes filles de Thefpias, ne fe glorifioit-il
pas alors d'être Alcide, comme quand
fa valeur funefte aux monftres laiffoit
refpirer l'Univers ?

Il eft inutile de s'étendre davantage
fur les divers embelliffemens qu'on peut
procurer à la promenade dont j'ai deffiné le plan (1) ; fi l'amour du bien
public embrafe également tous ceux

---

(1) L'unique objection bonne ( pour le
moment ) qu'on pourroit faire contre le plan
de cette promenade, regarde le défaut d'ombrage ; à cela je réponds qu'avant que ce plan
foit exécuté, les arbres auront eu le tems de
grandir ; qu'au refte les voitures, dans le tems
que le Soleil eft trop élevé , pourront fe
promener dans le Cours-la-Reine, & revenir

qui liront ce foible Ecrit, les champs Elyfées feront mieux décorés par les travaux des Artiftes que par le zele d'un Philofophe. Mais fi nos vues ne font pas plus étendues que l'efprit qui dicte nos Brochures; fi nous n'avons de l'argent que pour nos chevaux & l'Ambigu comique; fi le patriotifme en France n'eft qu'un nom — Je n'en ai déja que trop dit.

---

fur le foir dans le chemin de l'Etoile; pour les gens de pied, de la terraffe de mon double portique ils jouiront en tout tems de l'enfemble du fpectacle.

PARAGRAPHE

# PARAGRAPHE XXX.

## IDÉE DES CHARS MODERNES ET DE LEURS VARIÉTÉS.

Vous avez defiré, mon ami, que je terminaffe ma Lettre par quelques détails fur les diverfes voitures que le befoin ou le luxe a fait naître parmi nous, afin de diftinguer celles qui font effentiellement meurtrieres, & que le Gouvernement doit profcrire, de celles qui ne font que dangereufes, & que l'Etat peut tolérer ; vos prieres font un ordre pour moi : mais je vous avertis que tout homme à qui vous ferez part de ma Lettre, & qui voudra la lire pour s'amufer, doit paffer cet article : je craindrois que l'ennui inféparable de la matiere que je vais traiter, ne nuisît à l'impreffion que le refte de l'Ouvrage

Q

auroit fait naître dans son ame sensible ,
& que le style de Brutus , dans l'esprit
du lecteur , ne fît tort à son patriotisme.

Du moins je serai court , car les lec-
teurs qui consentent à s'ennuyer utilement , veulent du-moins qu'on ne pro-
longe pas la durée de leur ennui ; de
plus , on ne veut point dans un Ouvrage Philosophique épuiser les détails
des Arts , & jouter contre M. de Gar-
sault (1) & l'Encyclopédie.

Il y a des voitures destinées à transporter les marchandises , & non les
personnes , telles sont le haquet (2) ,

______

(1) Cet Auteur paroît le seul qui ait fait
un Traité des Voitures : il a donné sur ce
sujet beaucoup de lumieres aux Artistes.

(2) Le *haquet* est la plus simple des voitures ; il n'a que deux roues & deux limons,
& il sert à transporter les ballots , les pier-

la charrette ( 1 ) , le tombereau

---

res , les tonneaux , &c. celui qui eſt à baſcule & à limoniere , eſt un peu plus compo-
ſé ; il eſt d'uſage pour les Voituriers de Vin
& les Braſſeurs de Biere ; ſes roues n'ont
que quatre pieds d'élévation , parce qu'ils ne
voiturent que ſur le pavé. Il y a encore une
autre eſpece de *haquet* dont les roues ſont
très-fortes & très-élevées ; on le nomme
*fardier* , & il ſert à porter les poutres & les
grands bois de charpente. — Il eſt aiſé , par
l'addition de quelques pieces , de changer le
*haquet* en *charrette*.

(1) La *charrette* eſt un haquet garni ſur
les côtés d'une eſpece de treillage formé de
pieces que les gens de l'art appellent des
*ridelles* & des *roulons*.

Si la charrette a au-deſſus de la roue une
eſpece de croiſſant pour ſoutenir les mar-
chandiſes ; elle ſe nomme *palaiſotte*.

Si le devant & le derriere de la charrette
ſont fermés par des *traverſes* , & que pour
augmenter l'eſpace deſtiné aux marchandi-

( 1 ) , le caiſſon ( 2 ) & les chariots

---

ſes , on y joigne des *herſes* & des *cornes de ranche* , cette voiture s'appelle *guimbarde* ; on s'en ſert beaucoup pour tranſporter la paille & le foin.

(1) Il y en a de deux eſpeces , le *tombereau* ſimple & le *tombereau à baſcule*.

Le *tombereau* ſimple eſt un haquet garni de cloiſons; c'eſt un coffre ſans impériale : on s'en ſert à Paris pour le tranſport des boues.

Le *tombereau à baſcule* eſt une boëte quarrée en équilibre ſur l'aiſſieu auquel on joint par devant une limoniere : c'eſt la voiture des Bouchers.

Il y a des *tombereaux* d'une petite eſpece, qu'on nomme *banneaux* , & qui ſervent pour le tranſport du fumier dans les terres ; & d'autres encore moins conſidérables, appellés *camions* , & avec leſquels des ânes ou des hommes voiturent du ſable dans les jardins.

(2) C'eſt une eſpece de charrette couverte entourée de toute part d'un treillis d'oſier ,

(1) : ces voitures embarraſſent quelquefois dans les grandes Villes , mais elles n'écraſent perſonne ; ainſi elles ne méritent pas de fixer l'attention des

---

dont on fait uſage en tems de guerre pour le tranſport des grains & des poudres.

. Si le *caiſſon* a des fenêtres dans le treillis , ſi l'on conſtruit au-deſſous de la voiture des caves , &c. on l'appelle *ſur-tout* ou *fourgon :* on s'en ſert pour voiturer de la farine & de la marée.

(1) Le *chariot* eſt la plus ſimple des voitures à quatre roues ; c'eſt une eſpece de charrette à laquelle on a ajouté un avant-train : il eſt probable que les *quatre bœufs attelés , d'un pas tranquille & lent ,* qui *promenoient* autrefois *dans Paris nos Monarques indolens ,* traînoient un chariot , & non un caroſſe.

Quelquefois le *chariot* eſt à fleche ; nos charretiers s'en ſervent pour tranſporter du charbon. — Ces détails ſuffiſent pour tout lecteur qui n'eſt ni ouvrier ni machiniſte.

Q iij

Gouvernemens & d'occuper le loifir d'un Philofophe.

Parmi les voitures deftinées aux hommes, les unes font fans roues, & par conféquent ne portent point d'affaffins ; telle eft la chaife à porteurs qui demande le fervice de deux hommes, & la litiere qui exige celui de deux mulets : la premiere eft d'ufage dans les Villes, & la feconde fert à tranfporter les malades dans les campagnes ; l'une eft bonne pour les petites courfes, & l'autre pour les longs voyages : toutes deux font conftruites de façon qu'il eft impoffible de les rendre bruyantes, rapides & meurtrieres ; & voilà peut-être pourquoi elles ne feront jamais à la mode.

Les autres voitures fe diftinguent par le nombre des roues ; la brouette qui n'en a qu'une, eft conduite par un homme, mais ne le porte pas : ce-

pendant un Machinifte a fait exécuter
de nos jours une pareille voiture où on
pouvoit s'affeoir , & au brancard de
laquelle un cheval étoit attelé ; mais la
difficulté d'empêcher le cheval par fes
mouvemens de faire tourner la fellette ,
a nui au fuccès de la découverte , &
la brouette eft reftée dans le cabinet de
l'Artifte.

La roulette eft la plus pacifique des
voitures à deux roues , elle porte une
caiffe doucement fufpendue par le
moyen d'un reffort ; elle eft toujours
tirée par un homme , & quelquefois
pouffée par un autre : il y en a beaucoup dans Paris , & la nuit lorfque la
vanité ne craint point d'être bleffée ,
des femmes du bon ton , mais qui veulent ménager leurs chevaux , en ont plus
d'une fois fait ufage.

La chaife de pofte , un des plus
beaux monumens du luxe des hommes,

& un des chefs-d'œuvre de leur induſtrie, eſt une voiture à deux roues : d'a-
bord on ne la tint ſuſpendue que par
deux ſoupentes de cuir dont l'élaſticité
tenoit lieu de reſſort ; mais on s'apper-
çut bientôt que l'exercice donnoit aux
ſoupentes une dureté qu'elles commu-
niquoient à la voiture, & on ſuppléa à
cet inconvénient par des reſſorts de fer
ou de bois, ou de cordes à boyau ;
ces derniers ont paru juſqu'ici les plus
commodes, & on en a fait uſage dans
la célebre *dormeuſe* du Maréchal de
Richelieu.

Le Philoſophe n'auroit point à récla-
mer contre les abus de la chaiſe de
poſte, ſi on ne la voyoit rouler que ſur
les grands chemins, & s'il étoit ordonné
de rallentir ſa marche dans les rues de
Paris, ou même de ne commencer
à y monter que ſur les boulevards.

Toutes les autres voitures à deux

roues doivent être proscrites dans les Villes où les Magistrats font des hommes ; tel est ce cabriolet , plus connu encore par les désastres qu'il cause sans cesse , que par sa construction ; & cette foule de voitures imitant des cabriolets, qui fous les noms ridicules de *fouflets* , de *culs-de-singe* , de *diables* & de *fabots* , inondent les rues de la Capitale , ruinent les Bourgeois & tuent les gens du Peuple.

Les *trirotes* , ou voitures à trois roues, ne font employées que dans les jardins d'un grand Seigneur , ou dans l'attelier d'un Machiniste ; comme leur mouvement dépend des pignons , des roues & des ressorts qui y font renfermés , on peut les rendre cheres , incommodes même , mais jamais dangereuses.

La plus simple des voitures à quatre roues est une espece de carosse à fleche renverſée, qu'on nomme *diable*, & qui ne ſert gueres qu'à dreſſer les chevaux deſtinés à l'attelage.

Le *wourſt* eſt un diable à fleche légere, que les Allemands ont inventé, & qui n'eſt commode que pour aller à des rendez-vous de chaſſe.

Le *coche*, le *cabas*, & d'autres eſpeces de chariots à quatre roues ſe montent ſur des grands trains, paroiſſent rarement dans les Villes, & ſont des voitures trop lourdes pour devenir meurtrieres.

Autrefois les voitures à fleche & à arcs de fer, connues ſous le nom particulier de *caroſſes*, étoient les ſeules en uſage : aujourd'hui la mode a changé, les voitures à brancard, inventées à Berlin, ont été adoptées dans toutes les Capitales de l'Europe ; & on ne voit plus de vrais caroſſes que dans les anciens Châteaux & aux entrées des Ambaſſadeurs.

Il eſt certain qu'une *berline* eſt plus ſûre & plus commode qu'un caroſſe , auſſi n'a-t-on rien négligé pour perfectionner cette voiture ; on a rendu mobiles les panneaux de côté , on y a placé ſept glaces qui en relevent l'élégance : Dalem a inventé pour elle ſes reſſorts ; un autre Artiſte a ajouté un cric à ſes ſtores , & on a deſſiné ſur ſa partie extérieure des peintures ſi vraies , qu'on les a priſes quelquefois pour des tableaux de Greuze , de Vernet , ou de Boucher ; enfin , ſi quelque voiture peut être miſe en parallele avec les anciens chars de triomphe , ce ſont ſans doute ces berlines ; il eſt vrai qu'elles portent rarement des Romains.

On met ſur le train des berlines d'autres corps de voitures telles qu'un *ſolo* , où une ſeule perſonne peut s'aſſeoir ; un *vis-à-vis* qui a une place de fond & une place de devant ; & un *caroffe coupé* dont on a fupprimé les places de devant : toutes ces efpeces de chars , à caufe de leur légereté , fe nomment des *diligences* , & à caufe des malheurs dont ils font la caufe , devroient peut-être porter le nom de *machines infernales.*

De nos jours le Duc de Chaulnes & M. de Garfault ont fait conftruire , chacun fuivant leurs principes, une berline à quatre roues égales, & dont les moyeux font à la hauteur du poitrail des chevaux ; cette voiture, qu'on a appellé l'*inverfable* , n'a d'entrée que par le derriere , ce qui permet d'en fortir fans craindre d'être écrafé par les roues: elle a été jugée la moins pefante, la plus douce & la plus fûre des voitures , par l'Académie des Sciences : mais l'ufage n'en a été adopté par perfonne ; car ce n'eft pas l'Académie qui regle les modes utiles, ce font les Seigneurs ruinés & les petites-maîtreſſes.

Il paroît donc que juſqu'à nos jours toute la perfection qu'on a donnée aux voitures a conſiſté en décorations & en commodités : M. de Garſault ayant vu ſon pere écraſé en s'élançant du haut de ſa propre berline, en a fait conſtruire une autre qui met en ſureté la vie des Maîtres. Quand viendra un Artiſte phi-loſophe qui travaillera pour le peuple, & forcera à-la-fois des chevaux, un cocher & un Maître, à ménager le ſang des hommes ?

## PARAGRAPHE XXXI.

### DERNIER PLAN DE RÉFORME.

L'ÉTAT affaissé sous le poids de la dette nationale, cherche depuis long-tems à respirer en faisant naître des impôts qui n'oppriment que le luxe : il en est un qui enrichiroit la France sans exciter l'indignation des peuples, ni la réclamation des Magistrats : c'est celui qu'on mettroit sur les équipages.

A ce mot un cri de fureur s'éleve contre Brutus..... Grands de la Nation, frappez, mais écoutez-moi..... Que ne pouvez-vous porter le flambeau dans les replis de mon ame, y voir le patriotisme qui m'embrase, & reconnoître combien la nature m'a éloigné de tout attentat contre le repos de mes concitoyens ! Ce n'est point l'intérêt qui me fait parler ; on ne m'a vu dans l'antichambre d'aucun Miniſtre, fatiguer de mes adulations des protecteurs qui ne careſſent qu'avec le ton du dédain ; ce n'eſt point le cyniſme philoſophique qui me dicte mes plans de réforme ; je n'ai jamais aimé le Républicain qui déchire ſa Patrie, & l'homme de génie qui n'écrit que pour détruire. On pourroit encore moins me reprocher que la jalouſie a fait naître cet Ouvrage ; perſonne ne connoît l'étendue de ma fortune, le cercle de mes plaiſirs, & la ſphere de mes beſoins. Quelle ſeroit, par exemple, la ſurpriſe d'un de nos Seigneurs, s'il ſçavoit que l'ami dont il emprunte de tems en tems les chevaux, s'eſt fait Homme de Lettres, & que Brutus a un équipage !

Je ne diſcuterai point ici la queſtion vraiment philoſophique, ſi les équipages ſont eſſentiellement néceſſaires dans une Monarchie ; c'eſt aux Légiſlateurs à examiner quelles font les diſtinctions qu'on peut ſubſtituer à un luxe deſtructeur ; c'eſt aux Souverains qui diſpoſent d'un Manteau Ducal , des Titres & des Cordons , à voir ſi ces prérogatives ne flattent pas aſſez la vanité d'un ſujet, ſans y joindre le droit dangereux de ſe faire traîner dans un char à ſix chevaux.

S'il eſt prouvé qu'il faut néceſſairement des voitures à roues dans un Etat policé , je voudrois du-moins qu'on fixât le nombre de perſonnes qui auroient ce cruel privilege ; & voilà le principal objet de la réforme que je propoſe.

Les Princes , les grands Seigneurs , & toute la Nobleſſe titrée du Royaume, ont d'abord droit à cette diſtinction : ceux qui n'en abuſeroient jamais ſeroient bien reſpectables aux yeux du peuple ; & malgré les épigrammes des gens d'eſprit d'efprit qui ont l'ame vile , ceux qui s'ôteroient à eux-mêmes le pouvoir d'en abufer , le feroient encore davantage.

Les Magiftrats & tous les Hommes de robe qui confacrent leurs travaux au bien public, méritent auffi ce privilege : il eft rare que des citoyens chargés de veiller fans ceffe fur le maintien de la Police & la tranquillité des hommes , ofent devenir infracteurs des Loix & affaffins.

Ces vieux Militaires dont les cheveux ont blanchi au fervice de la Patrie, & qui couverts de bleffures honorables ne peuvent faire un pas fans attendrir les hommes fenfibles qui les environnent , peuvent encore avoir des équipages ; mais certainement bien peu d'entre eux jouiroient de ce privilege : il eft bien plus aifé à un bon Officier d'avoir des bleffures , qu'un caroffe.

Je ne vois pas même pourquoi un

R

Homme de Lettres dont les veilles utiles à sa Patrie ont appauvri le sang & desséché l'humide radical, qui est le principe de la vie, ne partageroit pas cette distinction ; d'abord il importe à l'Etat d'encourager le génie & les talents, qui de jour en jour deviennent plus rares : de plus, on n'a pas à craindre qu'un philosophe devienne petit-maître, & écrase les hommes par vanité ; enfin, cette prérogative feroit naître peu de jalousie dans les autres Ordres de l'Etat : il y a si peu de gens de Lettres qui aient de la fortune ! il y en a même si peu qui y prétendent !

Quant au reste des citoyens, il y auroit peu d'inconvéniens à les imposer à une taxe considérable pour le droit d'avoir équipage : c'est presque toujours la vanité qui leur donne un cocher & des chevaux ; & il vaut mieux que la vanité paye à l'Etat de son superflu, que l'industrie de son nécessaire.

Je mets dans la premiere claffe des contribuables les gens d'Eglife, à l'exception peut-être de ceux à qui leur naiffance, indépendamment de leur état, donne le privilege d'avoir équipage ; comme par leur inftitution ils font obligés de fuir le luxe, & même de le maudire, le Légiflateur en les mettant à pied, ne feroit que les rendre plus refpeEtables.

Ce que je dis d'un Prélat doit s'entendre à plus forte raifon d'un Abbé régulier : en effet, il y a fi loin du vœu de pauvreté à l'ufage d'un caroffe, que quand on taxeroit ce délire de la vanité monacale à cent mille francs, à peine cet excès de rigueur de la part du Gouvernement, compenferoit-il l'excès de ridicule de la part du Moine.

Il feroit auffi à fouhaiter que l'impofition fur les Médecins fût affez forte pour les dégoûter de l'ufage du caroffe;

leur luxe diminuant alors avec leurs besoins, ils feroient payer moins cher à leurs malades leur art de conjecturer, leurs visites & leurs visions.

Taxez ce Financier qui veut tout acheter avec son or, & qui avec son char à sept glaces croit imiter la haute Noblesse, comme un Acteur de théatre avec sa toge brodée d'or, croit être Regulus ou Caton.

Taxez ce Bourgeois dont la fortune ne change point le caractere, & dont l'ame est aussi roturiere dans son carosse que dans sa boutique.

Faites payer si cher à un Acteur le privilege d'éclabousser le Poëte qui le nourrit; qu'il conçoive enfin qu'il n'est plus rien dès qu'il n'a plus de rôle à jouer.

Il n'y a point de taxe assez considérable pour ces filles qui font un commerce infâme de prostitution, que les

grands Seigneurs entretiennent & mé-
prifent, & qui achetent un caroffe avec
de l'effronterie, de l'opprobre & d'in-
dignes jouiffances.

Au refte, cette nouvelle impofition
ne devroit, fur-tout dans l'origine, être
propofée qu'avec des reftrictions qui la
modifient ; ainfi, je defirerois que depuis foixante ans la taxe fût fi légere,
qu'on la prît moins pour une charge que
pour une formalité. On pourroit avoir
la même condefcendance pour des perfonnes difgraciées de la nature (1), ou
que la goutte empêcheroit d'aller à
pied ; car en féviffant contre un luxe
barbare, il ne faut pas que la Loi le
devienne à fon tour.

---

(1) On peut obferver que cet Erichton
à qui l'hiftoire attribue l'invention des voitures, avoit les jambes torfes, & qu'il n'eut
recours à cet expédient que pour cacher fa
difformité. R iij

L'objet principal du Réformateur,
devroit être d'accorder tant de privileges aux voitures pacifiques, qu'insensiblement elles remplaçassent les chars
meurtriers contre lesquels réclament la
politique, la nature & la raison; & la
révolution seroit bien plus douce si nous
la devions à nous-mêmes, que si nous
cédions au despotisme de la Loi,

## PARAGRAPHE XXXII.

### CONCLUSION.

MON ami, j'ai épanché mon ame dans votre fein ; j'ai attaqué une des branches les plus funeftes de l'arbre du luxe ; j'ai dit une vérité utile à mes concitoyens : fi ce font là des attentats, je fuis loin d'en rougir. Que les hommes riches & barbares me maudiffent, je ferai gloire de leurs outrages ; que ma Patrie même m'en puniffe, & j'en deviendrai plus coupable encore.

O vous qui triomphez du nombre de vos chars meurtriers, comme le Saturne de Carthage de la multitude d'enfans qu'on immoloit fur fes Autels, fçavez-vous quel eft le Républicain qui veut vous rendre à-la-fois odieux

& ridicules ? je fuis peut-être un pere
de famille dont votre frénéfie a anéanti
la poftérité — Vous me dites que votre
caroffe a reculé ; & que m'importe
que ce foit les roues de devant ou les
roues de derriere qui aient écrafé la
victime ? cette victime n'eft-elle pas
mon fils (1) ? mon affaffin me parle de
dédommagemens. .... Homme vil !
& tu crois qu'à l'âge de foixante ans

-----

(1) Un de mes amis à qui on avoit fait
cette affreufe réponfe, m'écrivit : *J'ai cher-*
*ché les parents de cet affaffin, & je leur ai*
*demandé des confolations ; ces gens me deman-*
*dent fi c'eft une roue de devant ou une roue*
*de derriere qui a caufé l'accident : je leur ré-*
*ponds que c'eft un fils, & un fils unique qui*
*a été maffacré ; je leur parle d'humanité, &*
*ils me citent, je crois, des Ordonnances de Po-*
*lice : j'ai vu que nous n'étions pas faits pour*
*nous entendre, & je fuis retourné chez moi*
*pour dévorer ma douleur, &c.*

ton or me tiendra lieu de ce fils que j'avois élevé pour ma Patrie, qui étoit devenu l'ami de son pere, & qui alloit me fermer les yeux ?

Non, non, tous les diamans de Golconde & toutes les mines du Potosi ne valent pas, pour moi, la premiere goutte du sang de ce fils que j'ai vu écraser sous ta machine infernale : tous les Rois de l'Europe ne sont pas assez puissans pour me dédommager de la perte que j'ai faite; si j'étois le Dieu du mal, ta mort même, & celle de tous les hommes qui partagent ton luxe & ta dureté, ne suffiroit pas à ma vengeance.

Il n'y a peut-être qu'un moyen de satisfaire ma juste sensibilité. Malheureux, laisse-là ta fausse apologie & tes vils dédommagemens; viens avec moi au pié des Tribunaux, & consens que les Juges me fassent l'arbitre de ta des-

tinée..... L'Arrêt est prononcé , &
je puis enfin me venger d'une maniere
digne de moi : tu frémis , tu t'attends
sans doute à la mort que tu n'as que trop
méritée ; va , tu ne connois pas encore
tout ce que peut le désespoir d'un pere
dans un cœur fidele à la nature : je
puis plus que te poignarder ; je puis.....
t'embrasser & te pardonner.

Mais si tant de générosité me donne quelque ascendant sur ton ame ,
descends de ton carosse, & viens à pied
solliciter avec moi la Loi qui mettra
des entraves au luxe , & épargnera
des crimes ou des douleurs à ta pos-
térité.

Et toi , ô mon ami ! sans qui Brutus
n'auroit peut-être jamais écrit , reçois
l'hommage d'un Philosophe qui n'a jamais flatté : tu prendras cette Lettre ,
tu la liras sur la tombe de ta fille ,
& la premiere larme que tu verseras

fera la plus fublime récompenfe de mes travaux.

Je fais gloire d'être le plus tendre de tes amis,

BRUTUS.

# TABLE
## DES PARAGRAPHES.

Fin de la Table.

TABLE

# TABLE
## DES MATIERES.

### A.



### B.



S

## C

## M.



## N.



## P.

## T.

## Z.



*Fin de la Table des Matieres.*

3806.